TERRA

Themenheft
Europa

KLETT-PERTHES

Gotha und Stuttgart

Autoren:
Dr. Egbert Brodengeier
Prof.Dr. Jürgen Bünstorf
Prof.Dr. Gerhard Fuchs
Dr. Michael Geiger
Jens Joachim
Reinhild Miedzybrocki
Herbert Paul
Prof. Dr. Arnold Schultze

Mit Beiträgen von:
Karl-Wilhelm Grünewälder, Prof. Dr. Lothar Rother
Klaus Streck

Das Themenheft „Europa" wurde zum größten Teil aus Werken für die Länder Sachsen und Baden-Württemberg zusammengestellt.
Die angebotenen Themen gehen in einigen Bundesländern über das Angebot der TERRA-Ausgabe für die Klassenstufe 5 bis 7 hinaus. Das Themenheft ist ein ergänzendes Angebot.

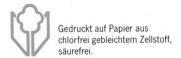

Gedruckt auf Papier aus chlorfrei gebleichtem Zellstoff, säurefrei.

1. Auflage

1 $^{5\ 4\ 3\ 2\ 1}$ | 1999 98 97 96 95

Alle Drucke dieser Auflage können im Unterricht nebeneinander benutzt werden, sie sind untereinander unverändert. Die letzte Zahl bezeichnet das Jahr dieses Druckes.

Redaktion und Produktion: Ilke Büchler, Achim Hutt.

Einband-Design: Erwin Poell, Heidelberg
Layoutkonzept: Werner Fichtner, Stuttgart
Karten: Kartographie Klett-Perthes
Zeichnungen: Rudolf Hungreder, Martin Jäckle, Wolfgang Schaar
Satz: DTP Quark**XPress**
Druck: W. Wirtz, Speyer. Printed in Germany.

ISBN: 3-12-293560-0

Inhalt

Europa im Überblic

Ein seltenes Bild: fast ganz Europa wolkenfrei! Was man aus dem Weltraum nicht sehen kann: die Länder Europas mit ihren Grenzen. Wo nun genau liegt Deutschland, wo die Schweiz und wo Österreich? Zu welchem Land gehört die Insel im nördlichen Mittelmeer?

Kontinente im Vergleich	
Asien	44 Mio. km²
Afrika	30 Mio. km²
Nordamerika	24 Mio. km²
Südamerika	18 Mio. km²
Europa (bis Ural)	10 Mio. km²
Australien u. Ozeanien	9 Mio. km²
Antarktis	14 Mio km²

3

Entfernungen in Europa

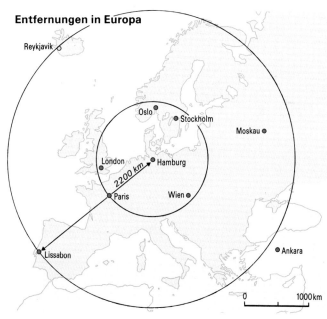

2

Landschaften in Europa

Wunder der Natur und Naturschönheiten hat Europa vielfach zu bieten. Am Meer folgen oft buchtenreiche Felsküsten, lange Sandstrände oder Watt aufeinander. Im Tiefland hat das Inlandeis der Kaltzeiten große Seen, ja ganze **Seenplatten** hinterlassen. Flüsse haben im Landesinneren große **Schwemmländer** aufgeschüttet, an Küsten münden einige in einem breiten **Delta** ins Meer. In den Mittelgebirgen schufen sie tief eingeschnittene **Durchbruchtäler**. Ausgedehnte Wälder überziehen die abgerundeten Höhen der Mittelgebirge. In den schroff sich erhebenden Hochgebirgen trifft man auf **Gletscher**.

Landschaften in Europa

▢	Tiefländer
▢	Mittelgebirge, Hügel- und Becken—landschaften
▢	Hochgebirge, Gipfellagen höherer Mittelgebirge

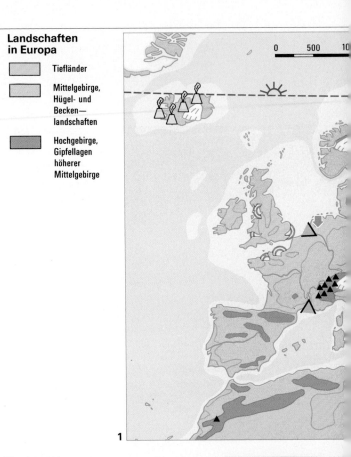

1

0   500   10

2

Alpenmassiv St. Gotthard

4

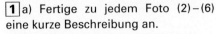

3 Der Rhein bei Koblenz

1 a) Fertige zu jedem Foto (2)–(6) eine kurze Beschreibung an.
b) Suche die Aufnahmeorte im Atlas.
2 Ordne mit Hilfe des Atlas den Symbolen in Karte (1) Namen zu.
3 Nenne je drei Tiefländer, Mittelgebirge und Hochgebirge in Europa.

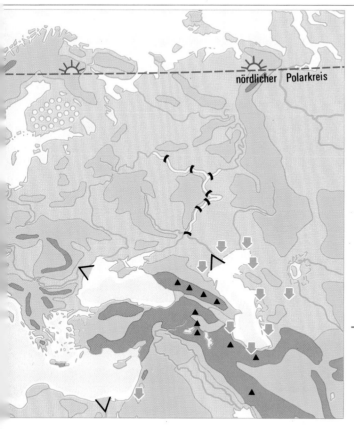

nördlicher Polarkreis

Zwischen Gletscher und Vulkanen

Die Karte zeigt, wo in Europa:

noch Vulkane ausbrechen

noch große Gletscher liegen

Flüsse in kilometerbreiten Deltas ins Meer münden

das Festland sogar tiefer liegt als der Meeresspiegel

Berge über 4000 m hoch sind

der Gezeitenunterschied zwischen Ebbe und Flut 12 m beträgt

in einem kleinen Land mehr als 50 000 Seen liegen

an einem Tag im Juni die Sonne nicht untergeht.

das Meer nicht tiefer als 250 m ist

ein Fluß von einem Stausee zum anderen fließt und dann in einer Wüste in ein Meer mündet, das im Winter zugefroren ist.

Ein Blick in den Atlas verrät dir, wo das in Europa jeweils zu finden ist.

Südlich von Utrecht

5

Ausbruch des Stromboli

An der isländischen Küste 6

7

In der **Tundra** Rentierflechte (weiß), Zwergbirke, Heidelbeere (rot), Gräser, Moose: Zwergwuchs nutzt die Bodenwärme und schützt vor Austrocknung durch Wind.

1

2

In der **nördlichen Nadelwaldzone** Fichten, Tannen, Kiefern: immergrüne Nadeln nutzen früh die Sonnenstrahlung; Abhärten der Nadeln im Herbst schützt vor Frost und Austrocknen im Winter.

In der **Laubwaldzone** Buchen: werfen Herbstlaub ab, entfalten neues Laub, nehmen Licht, deshalb kaum Unterholz.

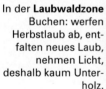

3

4

In der **Hartlaubzone** Olivenbaum: immergrünes, kleinblättriges Hartlaub; Agaven und Feigenkakteen: speichern Wasser in dickfleischigen Blättern.

Klimazonen in Europa

Subpolare Klimazone

Gemäßigte Klimazone

Subtropische Klimazone

Osl

Cork

London

Berlin

Brest

Paris

Madrid

Mailand

Ro

Palerr

Seeklima

Ü

gar

kli

0   500   1000 km

5

Vegetation und Klima

Europa Anfang März: In Kiruna muß Sven bei 20°C unter Null zur Schule. In Rom dagegen sitzt Manuela bei 17°C im Straßencafé unter blühenden Bäumen.

Welch ein Gegensatz! Aber Europa reicht von der Polarzone im hohen Norden bis in die Subtropen im Süden. Auch zwischen West und Ost bestehen große Unterschiede bei Temperatur und Niederschlag. So haben sich in Europa aufgrund der Klimazonen verschiedene natürliche Vegetationszonen ausgebildet.

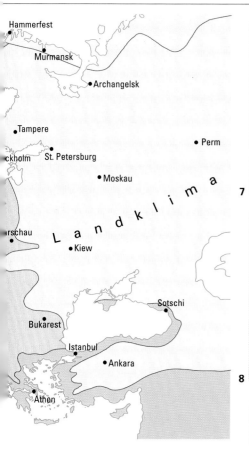

Landklima

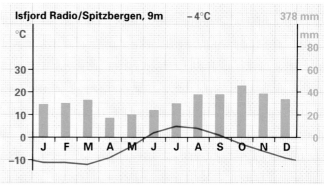

Isfjord Radio/Spitzbergen, 9m   – 4°C   378 mm

7

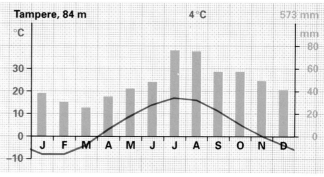

Tampere, 84 m   4°C   573 mm

8

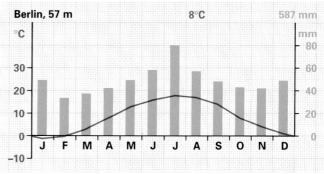

Berlin, 57 m   8°C   587 mm

9

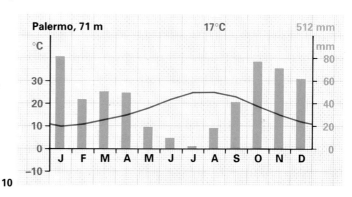

Palermo, 71 m   17°C   512 mm

10

Klimaveränderungen von West nach Ost

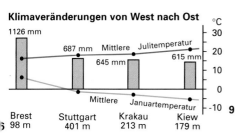

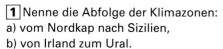

Brest	Stuttgart	Krakau	Kiew
98 m	401 m	213 m	179 m

1 Nenne die Abfolge der Klimazonen:
a) vom Nordkap nach Sizilien,
b) von Irland zum Ural.
2 Fertige kurze Beschreibungen der Klimadiagramme (7) – (10) an.
3 Pflanzen sind gute Klimaanzeiger. Begründe mit Hilfe der Fotos (1) – (4).
4 Beschreibe und erkläre die Klimaveränderungen in der Abbildung (6).

Reisen in Europa

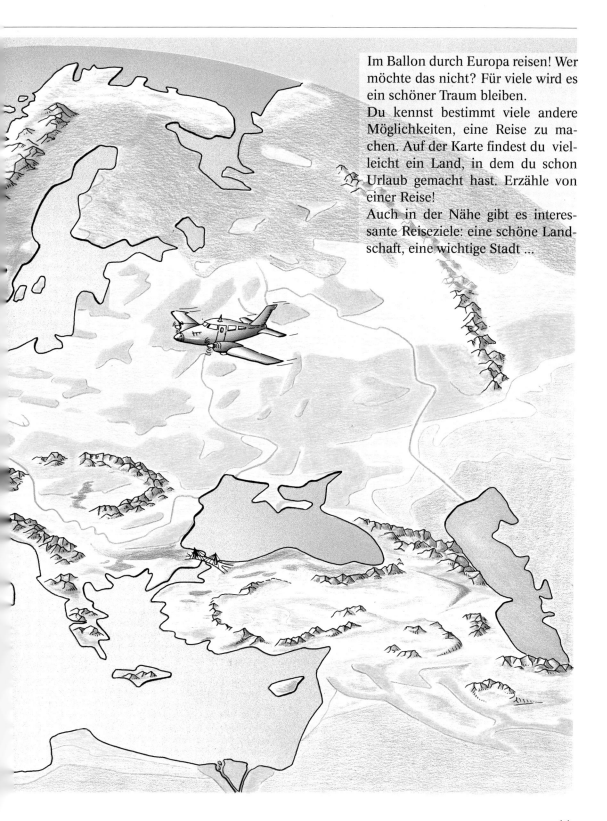

Im Ballon durch Europa reisen! Wer möchte das nicht? Für viele wird es ein schöner Traum bleiben.

Du kennst bestimmt viele andere Möglichkeiten, eine Reise zu machen. Auf der Karte findest du vielleicht ein Land, in dem du schon Urlaub gemacht hast. Erzähle von einer Reise!

Auch in der Nähe gibt es interessante Reiseziele: eine schöne Landschaft, eine wichtige Stadt ...

11

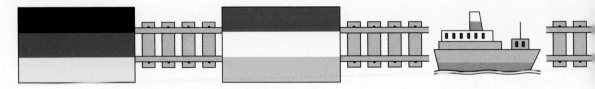

Mit „Euro-Domino" nach London

Familie Runge aus Trier hat sich für die Sommerferien etwas Besonderes überlegt: eine Drei-Länder-Tour mit der Eisenbahn. Karin wollte schon lange den größten Hafen Europas in Rotterdam sehen. Jens interessiert sich mehr für London, besonders für die Tower-Bridge. Die Eltern möchten sich Brüssel ansehen. Einige Wochen vor dem Urlaub gehen Jens und Karin ins Reisebüro. Dort bekommen sie viele Informationen. Die Familie beschließt, mit dem Euro-Domino-Reisepaß zu reisen.

Dies ist ein besonderes Angebot. Es gilt für die Bahnnetze und Schifffahrtslinien in 27 Ländern Europas. Zuhause studiert die Familie viele Fahrpläne. Sie entscheidet sich für die Route Koblenz – Rotterdam – London – Brüssel – Koblenz.

1 Stelle für die Familie einen Reiseplan zusammen. Nimm die Fahrpläne zu Hilfe:
Abfahrt in Koblenz:
Ankunft in Köln:

2 Wie lange dauert die Fahrt von Ostende nach Dover? Beachte: Deutschland hat Mitteleuropäische Zeit (MEZ), Großbritannien hat Westeuropäische Zeit (WEZ). Die Zeitverschiebung beträgt 1 Stunde während der Winterzeit.

	IC 545	D 2335	IR 2312	IC 739	D 2531	IC 526	D 2337	IR 2218	D 1272	IC 524	D 2431	IR 2216	D 2537	IR 2214	IC 520
Koblenz Hbf	6 12	6 46	7 48	8 13	8 46	10 13	10 46	11 48	12 08	12 13	12 46	13 48	14 46	15 48	16 13
Andernach		6 58	7 58		8 58		10 58	11 58			12 58	13 58	14 58	15 58	
Remagen		7 11	8 11		9 11		11 11	12 11			13 11	14 11	15 11	16 11	
Bonn Hbf	6 43	7 23	8 23	8 43	9 23	10 43	11 23	12 23	12 51	12 43	13 23	14 23	15 23	16 23	16 43
Bitburg-Erdorf															
Gerolstein															
Euskirchen															
Köln Hbf	7 05	7 45	8 45	9 05	9 45	11 05	11 45	12 45	13 14	13 05	13 45	14 45	15 45	16 45	17 05

1

	IR 2215	D 2432	IC 727	IR 2217	IR 2219	D 2236	IC 521	IR 2311	IC 523	IR 2313	D 2334	IC 527	IR 2315	IC 738
Köln Hbf	9 11	10 11	10 54	11 11	13 11	14 11	14 54	15 11	16 54	17 11	18 11	18 54	19 11	20 54
Euskirchen														
Gerolstein														
Bitburg-Erdorf														
Bonn Hbf	9 31	10 31	11 14	11 31	13 31	14 31	15 14	15 31	17 14	17 31	18 31	19 14	19 31	21 14
Remagen	9 44	10 44		11 44	13 44	14 44		15 44		17 44	18 44		19 44	
Andernach	9 56	10 56		11 56	13 56	14 56		15 56		17 56	18 56		19 56	
Koblenz Hbf	10 08	11 09	11 45	12 08	14 08	15 09	15 45	16 08	17 45	18 08	19 09	19 45	20 08	21 45

2

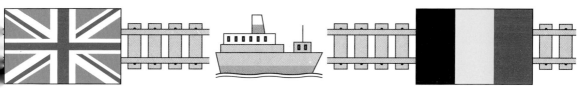

	IC 1726	D 1802	D 1216	D 1804	D 1808	D 1812	D 1816	IC 1762	EC 150	D 1820
Köln		7 17		9 17	11 17	13 17	15 17			17 17
Venlo		8 21		10 21	12 21	14 21	16 21			18 21
Venlo		8 31		10 31	12 31	14 31	16 31			18 31
Eindhofen		9 05		11 05	13 05	15 05	17 05			
Eindhofen		9 09		11 09	13 09	15 09	17 09			19 09
Rotterdam		10 19		12 20	14 19	16 19	18 19			20 19
Rotterdam	10 25	10 41	10 55	12 40	14 40	16 40	18 40	19 25	20 25	20 40
Hoek van Holland	11 09	11 09	11 39	13 09	15 09	17 10	19 09	20 09	21 09	21 09
Hoek van Holland (Fähre)		12 00								22 00
Harwich Park		18 00								7 00
Harwich Parkeston (Zug)		18 45								7 50
London Liverpool Street		20 00								

3

Tower-Bridge London

Europoort in Rotterdam

In diesen Ländern gilt der Euro-Domino-Reisepaß:
Belgien
Großbritannien
Irland
Dänemark
Italien
Finnland
Kroatien
Frankreich
Luxemburg
Griechenland
Marokko
Niederlande
Schweiz
Norwegen
Slowenien
Österreich
Spanien
Polen
Tschechische Republik
Slowakische Republik
Portugal
Türkei
Schweden
Ungarn
Bosnien-Herzegowina
Montenegro
Bulgarien

	D 411	D 413	D 417	D 419	EC 47	D 425	D 429	D 435
London Victoria Street (Zug)	22 05					7 25		11 25
Dover Western Docks	23 47					8 52		12 50
Dover Western Docks (Fähre)	1 15					9 35		13 20
Oostende	5 00					12 15		16 00
Oostende	5 32	6 34	8 34	9 34		12 34	14 34	17 34
Brussel-Zuid/Bruxelles-Midi	6 45	7 43	9 43	10 43		13 43	15 43	18 43
Brussel-Zuid/Bruxelles-Midi	6 47	7 48	9 47	10 47	12 03	13 47	15 47	18 47
Köln	9 42	10 42	12 42	13 42	14 42	16 42	18 42	21 39

6

Hilfe, die Touristen kommen!

Am Morgen regiert der Besen. Das ist in Playa de Palma auf Mallorca so wie an anderen Orten am Mittelmeer. Vor den Häusern und in den Gaststätten wird gefegt, gewischt, geschrubbt, werden die Abfälle des Vortages und der Nacht weggeräumt.

Die ersten Gäste sind unterwegs zum Strand, um sich einen Platz unterm Sonnenschirm zu sichern. Ein, zwei Stunden später ist der Strand voll von Menschen. Die Gäste liegen dann dicht an dicht, stundenlang, bis zum späten Nachmittag.

Abends herrscht an der Strandstraße Hochbetrieb. Nun wird gebummelt und eingekauft: Lebensmittel, und Getränke, Postkarten, Kleidung, Souvenirs. Besonders begehrt sind spanischer Schmuck und spanische Lederwaren.

„Viel Arbeit", sagt der Wirt in einem Lokal an der Strandstraße. Musiker packen ihre Instrumente aus. Einige Tische sind schon besetzt. „Ein schöner Rummel im Ort", meint eine Schweizerin. „Ich möchte hier nicht dauernd leben". „Alles in deutscher Hand", sagt ein Mann aus Düsseldorf. „Warum wird an der Küste so viel gebaut? Im Innern der Insel wäre doch mehr Platz", wirft ein Gast am Nebentisch ein.

„Früher war es hier ruhiger", sagt die Schweizerin, „der Tourismus hat der Insel sehr geschadet!" Der Wirt nickt und schaut zugleich ungeduldig zur Eingangstür: „Kommen die Touristen?"

A

B

1

1 Abbildung (1): Beschreibe die Fotos A bis D. Ordne dabei nach Vorteilen und Nachteilen des Tourismus.

2 Text und Quellen (3 bis 6): Erstelle eine Tabelle wie folgt:

Tourismus:

Vorteile	Nachteile

3 Die Zeichnung (2) weist auf Auswirkungen des Tourismus hin. Gib zu jedem Begriff ein Beispiel an. Kannst du die Zeichnung ergänzen?

4 „Hilfe, die Touristen kommen!" „Kommen die Touristen?" Diskutiert die Vorteile und Nachteile des Fremdenverkehrs.

Fernando Sanchez, 65 Jahre

„Als ich die Schule verließ, war Playa de Palma ein Dorf mit 200 Einwohnern. Ich wurde Fischer wie mein Vater, denn im Dorf gab es nicht viele Berufsmöglichkeiten. Die Arbeit auf dem Meer war mühsam und gefährlich, der Verdienst gering. 1962 gab ich meinen Beruf auf. Es gab jetzt viele neue Arbeitsplätze, besonders im Baugewerbe: denn Playa wuchs und wuchs."

3

Juan Sanchez, 35 Jahre

„Im Juli gibt es auf Mallorca über tausend Köche, einer davon bin ich. Unsere Stadt hat zwar nur 12000 Einwohner, aber sechsmal soviele Feriengäste. Ich verdiene gut, ebenso meine Geschwister und die vielen Saisonarbeitskräfte."

4

Anna-Marie Sanchez, 60 Jahre

„Wenn ich daran denke, wie gemütlich es früher in unserem Dorf war. Im Sommer treffe ich vor lauter Touristen fast keine Einheimischen mehr. Jetzt ist überall Lärm und Geschäftigkeit. Die Waren werden immer teurer. Und wo früher die Fischerboote lagen, sieht man vor lauter Motorbooten das Wasser nicht mehr."

5

Stadtrat Julio Alvarez, 40 Jahre

„Playa de Palma und seine Bewohner leben vom Fremdenverkehr. Für unsere Gäste haben wir zahlreiche Einrichtungen geschaffen, damit sie uns treu bleiben. Leider haben wir zu spät erkannt, daß wir besser auf unser Kapital achten müssen. Viel zu lange flossen die Abwässer ungeklärt ins Meer und erlaubten wir ungehemmtes Bauen in der Strandzone."

6

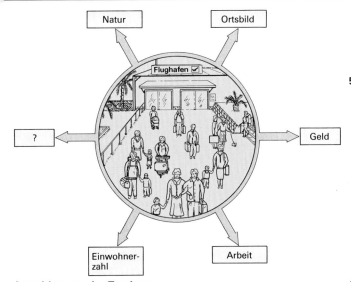

Auswirkungen des Tourismus

15

Karlsbrücke
650 Jahre alte Stein-
brücke über die
Moldau. Sie gilt als
die schönste Brücke
der Welt. 30 Brücken-
statuen und drei
Brückentürme. Be-
sonders schön ist der
„Altstädter Brücken-
turm" im gotischen
Baustil.

1

2

Wir planen eine Stadtbesichtigung: Prag

2
Altstädter Rathaus
Etwa 600 Jahre alt,
mit der berühmten
astronomischen Uhr
von 1410, einem Mei-
sterwerk der Fein-
werktechnik. Sie zeigt
Sonnen- und Mond-
bahn, die Tierkreiszei-
chen und einen Jah-
reskalender.

„Prag würde mich brennend interes-
sieren", meint Susanne als sie eine
Anzeige über Städte-Touren liest.
Und bald ist es bei Familie Koch be-
schlossene Sache: „Wir fahren in die
goldene Stadt. Aber, was gibt es dort
eigentlich zu sehen?"
Thomas: „Ich besorge einen Reiseführer, und dann stellen wir uns
ein Besichtigungsprogramm zusammen."
Nachdem Familie Koch diesen studiert und in einem Reisemagazin
über Prag geblättert hat, sagt Elke
begeistert: „Diese Stadt ist wie ein
lebendiges Geschichtsbuch, es gibt
so viele Bauwerke aus dem Mittelal-
ter!" Schließlich entscheidet man
sich für das „mittelalterliche Prag"
als Besichtigungsschwerpunkt.
Ihr fragt, was das ist? Dann studiert
doch diese Doppelseite. 3

Die Geschichte von Prag in Stichworten

6. Jahrhundert: Slawische Besied-
lung. Gründung der Prager Burg
„Hradschin".

10. Jahrhundert: Böhmen wird Für-
stentum. Um 1230: Prag erhält das
Stadtrecht und Böhmen wird erbli-
ches Königtum.

14. Jahrhundert: Mittelalterliche
Blütezeit Prags. Unter Kaiser Karl IV.
ist Prag Hauptstadt des „Heiligen
Römischen Reiches Deutscher Na-
tion". Karl baut Prag zur Kulturstadt
und größten Stadt Mitteleuropas
aus: 1348 erste Universität in Mitteleuropa, 1357 Karlsbrücke, rege
Bautätigkeit im gotischen Baustil
von deutschen, italienischen und
französischen Künstlern.

17. Jahrhundert: Kirchen und Pa-
läste des Barockstils entstehen:
„Goldenes Prag"

1993: Prag wird Hauptstadt der
Tschechischen Republik

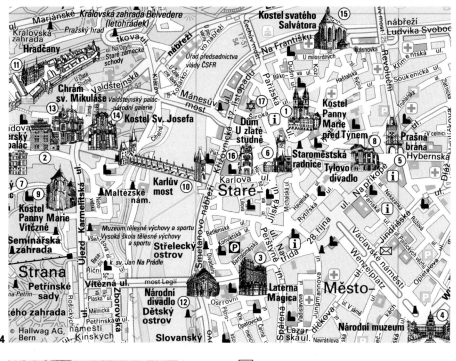

Ausschnitt aus dem Stadtplan von Prag

- ⓘ Informationsbüro
- Ⓟ Polizei
- Ⓟ Parkhaus
- ⊠ Post
- ✚ Krankenhaus

0 ———— 250 m

① Teynkirche
② Schwarzenberg-Palast
③ Magika Theater
④ Nationalmuseum
⑤ Pulverturm
⑥ Altstädter Rathaus
⑦ Lobkovic-Palast
⑧ Stände-Theater
⑨ Marienkirche
⑩ Karlsbrücke
⑪ Hradschin mit St. Veitsdom
⑫ Nationaltheater
⑬ St. Nicklas Kirche
⑭ St. Joseph Kirche
⑮ St. Salvator Kirche
⑯ Agneskloster
⑰ Jüdischer Friedhof

Vorbereitung einer Stadtbesichtigung

- Sich im Atlas über … informieren
- Im Lexikon über die Stadt nachlesen …
- Einen Reiseführer über die Stadt besorgen und sich über … informieren
- Ein Besichtigungs-Programm …
- Einen Stadtplan besorgen und einen … planen

1 a) Bestimme die Entfernung von deiner Heimatstadt nach Prag.
b) Fertige eine Skizze von der Fahrtroute an.

2 Fotos (1), (2), (5) und Stadtplan (4):
a) Suche die abgebildeten Sehenswürdigkeiten auf dem Plan.
b) Plane vom Wenzelsplatz aus einen Rundgang zu folgenden Sehenswürdigkeiten: Agneskloster, Altstädter Rathaus, Burg, Jüdisches Viertel, Karlsbrücke, St. Niklaskirche.

3 Die auf den Fotos dargestellten Sehenswürdigkeiten stammen aus derselben Zeit. Beschreibe dieses Zeitalter mit Hilfe des Textes (3).

4 Erkläre, weshalb in Prag der Name „Karl" häufig vorkommt.

5 Eine Stadtbesichtigung will gut vorbereitet sein. Beschreibe mit Hilfe des Kastens (6) wie du dabei vorgehen kannst.

5 Jüdischer Friedhof
Er liegt im ehemaligen jüdischen Stadtviertel aus dem 13. Jahrhundert. 12 000 Grabsteine, zum Teil 500 Jahre alt, sowie fünf Synagogen. Prag hatte die größte jüdische Gemeinde in Mitteleuropa und galt als das „Jerusalem Europas". Der Friedhof ist heute „Weltkulturdenkmal".

1
Stau auf der Brenner-Autobahn

Verkehrswege über die Alpen

Stau auf einer Alpenstraße. Jeder, der einmal durch die Alpen gefahren ist, hat schon in einer kilometerlangen Autoschlange gestanden. Mehr als 45 000 Autos fahren z.B. täglich über den Brenner-Paß, davon 9 000 Lkw. Die Lkw transportieren Güter für die Menschen in den Alpen. Die meisten Lkw aber durchqueren das Gebirge. Dazu kommt der Reiseverkehr. Hauptsächlich in den Ferienzeiten bilden sich lange Autostaus in den Alpenländern. Die Urlauber wollen zum Baden ans Mittelmeer oder zum Wandern und Skifahren in die Alpen.

Pässe sind Stellen, die geeignet sind, ein Gebirge zu überqueren. Pässe „bündeln" den Verkehr. Deshalb können dort lange Staus entstehen.

Der Brenner liegt nur 1374 m hoch. Er ist das ganze Jahr über für Autos und auch für die Bahn befahrbar. Ein Tunnel war hier bisher nicht nötig. Dazu kommt die günstige Lage. Über den Brenner führt die kürzeste Verbindung von München nach Italien.

1 Nenne die sieben Staaten, die Anteil an den Alpen haben. Nimm den Schulatlas zu Hilfe.

2 Du fährst von deinem Wohnort nach Venedig mit der Eisenbahn. Verfolge auf einer Atlaskarte die Fahrstrecke. Notiere Grenzorte, Staaten, bekannte Städte, Pässe oder Tunnels.

3 Berechne die Entfernung von München nach Rijeka (Kroatien):
a) über Salzburg - Villach - Ljubljana,
b) über Kufstein - Plöckenpaß - Triest.

4 Arbeite mit der Karte (2) und mit dem Atlas. Nenne wichtige Pässe in den Alpen und ihre Höhen.

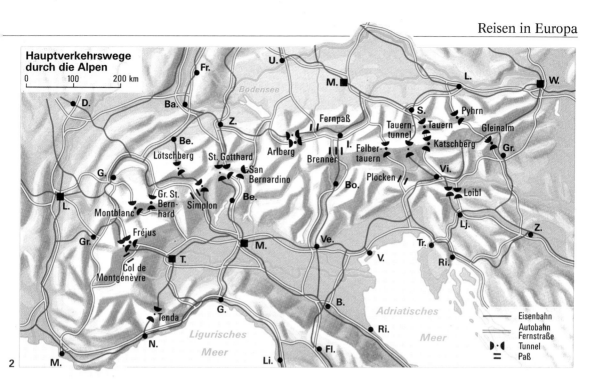

Hauptverkehrswege durch die Alpen

0   100   200 km

Eisenbahn
Autobahn
Fernstraße
▶·◀ Tunnel
= Paß

Für die Bewohner entlang der Straßen und Bahnlinien und für die Natur sind der ständige Lärm und die Abgase nicht mehr zu ertragen. Anwohner und Umweltschützer fordern, daß die Autos möglichst mit der Bahn im „Huckepackverkehr" durch die Alpen fahren. Verkehrsplaner wollen deshalb am St. Gotthard einen langen Tunnel von Bodio nach Altdorf bauen. Auch am

Brenner ist ein solcher „Basistunnel" von Innsbruck bis Brixen geplant.

5 Erläutere die Verkehrswege am St. Gotthard (Zeichnung 3):
a) Welche Vorteile bringen der Eisenbahntunnel und der Straßentunnel von Airolo bis Göschenen gegenüber der Paßstraße?
b) Welche Gründe könnten für einen Basistunnel sprechen?

Verkehrswege am Gotthard

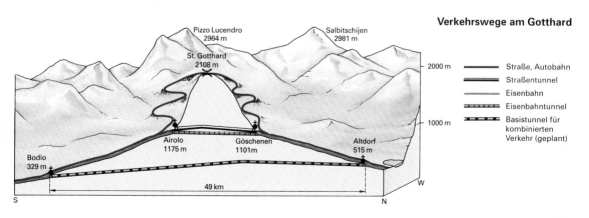

Straße, Autobahn
Straßentunnel
Eisenbahn
Eisenbahntunnel
Basistunnel für kombinierten Verkehr (geplant)

19

Reiseziele in Europa

Schülerinnen und Schüler haben auf eine große Karte von Europa einige Fotos von ihren Urlaubsorten geklebt. Sie erläutern den anderen Schülern ihre Reiseziele. Ulrich war z.B. in Island. Er erzählt:

„Ich war im Juli auf Island. Dort sind wir mit dem Bus 1 400 km um die ganze Insel gefahren. Auf dem Bild ist Myvatn zu sehen. Auf deutsch heißt er Mückensee, denn mit den Mücken hat man dort wirklich zu kämpfen. Das Schwarze ist Lava. Im Hintergrund könnt ihr Gletscher sehen. An diesem See gibt es viele Häuser. Das ist aber nicht typisch für Island."

1 Die Fotos sind europäischen Ländern zugeordnet. Wie heißen die Länder?
Der Myvatn liegt in Island.
Die Dordogne …

2 Beschreibe die Fotos und Landschaften in ähnlicher Weise, wie Ulrich es mit dem Island-Foto gemacht hat. Der Schulatlas hilft dir.

3 Zeichnet dann eine einfache Karte von Europa. Sammelt Fotos und Ansichtskarten von euren Reisezielen und klebt die Bilder auf die Karte.

Myvatn

Dordogne

Andalusien

Geiranger-Fjord

Elbsandstein-gebirge

Budapest

Toskana

Santorin (Insel)

Landwirtschaft in Europa

Wir alle schätzen eine abwechslungsreiche Ernährung mit möglichst verschiedenen Nahrungsmitteln. Dazu tragen die Landwirte und Fischer Europas entscheidend bei. Sie erzeugen Getreide, Fleisch, Milch, Gemüse, Obst und vieles andere.

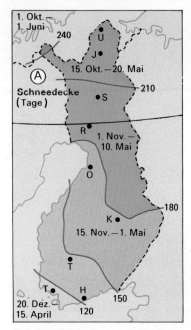

Zum Vergleich: Hannover 32 Tage

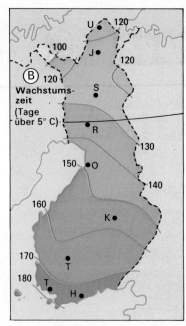

Zum Vergleich: Hannover 230 Tage

Anbaugrenzen heute

Finnland: Landwirtschaft an der Kältegrenze

In Finnland sind die Winter viel länger und kälter als bei uns. Wie ist dort überhaupt Landwirtschaft möglich?

1 Teilt euch in Gruppen auf, und studiert die vier Karten A - D. Versucht herauszufinden, was die Karten aussagen. – Sprecht dann mit den anderen Gruppen über eure Ergebnisse, Vermutungen und Fragen.

2 Wir denken uns drei finnische Bauern: den Bauern Palomäki in der Gegend von Sodankylä, den Bauern Karjalainen in der Nähe von Kuopio und den Bauern Tervola, der bei Turku lebt. Die drei Bauern sollen über ihre Betriebe berichten: über die Pflanzen, die sie anbauen, über die Produkte, die sie verkaufen, über Tiere und Maschinen, über Schwierigkeiten und Sorgen... Verteilt die Rollen.

3 Ein kleiner Test:
a) Durch welche Kulturpflanzen wird es möglich, daß in Nordfinnland Landwirtschaft betrieben wird?
b) Wie kommt es, daß gerade diese Pflanzen so weit im Norden noch gedeihen?
c) Nenne vier Kulturpflanzen, die sich für den Anbau in Nordfinnland nicht eignen.

4 Ihr könnt diesen Gedanken noch weiterspinnen: Es gibt Kulturpflanzen, die nicht einmal bei uns in Deutschland reifen. Gemeinsam solltet ihr mehr als zwanzig finden.

5 Rechts stehen die Temperatur-Angaben von sieben Orten. Wähle drei Orte aus und zeichne die Temperaturdiagramme.

6 Anschließend kannst du die Wachstumszeiten ausmessen und vergleichen. (Stimmen die Ergebnisse mit den Angaben der Karte B überein?)

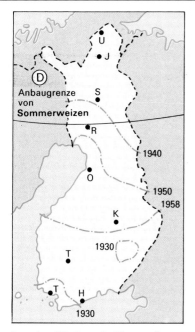

So schnell haben die Finnen die Anbaugrenzen verlagert

a) **Waldbauern.** Fast ganz Finnland gehört zur Taiga. Nadelwald bedeckt etwa 7/10 des Landes. Ein Teil des Waldes ist Bauernwald. Ein durchschnittlicher Bauernhof hat nur 9 ha landwirtschaftliche Fläche und 30 ha Wald. Im Norden ist der Waldanteil noch größer. Die finnischen Bauern sind „Waldbauern".

b) **Selbstversorgung.** Die finnischen Bauern arbeiten hauptsächlich für die Versorgung der eigenen Familien und für den finnischen Markt. Es werden nur wenige landwirtschaftliche Produkte ausgeführt, z.B. Butter. Ein Teil des Brot- und Futtergetreides wird eingeführt.

c) **Kartoffeln** werden im Norden Finnlands meist nur in den Hausgärten angebaut (Selbstversorgung).

d) **Sommerweizen** liefert geringere Erträge als Winterweizen. Er ist außerdem viel frostempfindlicher. Trotzdem wird er weiter nördlich angebaut. Die Lösung des Rätsels: Sommerweizen wird erst im Frühjahr gesät, wenn die Frostzeit vorbei ist. Winterweizen dagegen müßte schon im Herbst gesät werden, sehr lange und sehr kalte Winter verträgt er aber nicht.

e) **Züchtung neuer Sorten.** Wer in einem Gebiet mit 120 Tagen über 5° C lebt, kann natürlich keinen Sommerweizen anbauen, der 140 Tage bis zur Reife braucht. Die Pflanzenzüchter haben geholfen. Sie haben neue Sorten gezüchtet, die mit 120 und sogar 110 Tagen auskommen. Mit dem 110-Tage-Weizen können die Bauern viel weiter nach Norden vorrücken. Aber dürfen sie bis an die 110-Tage-Linie gehen? Das ist gefährlich. Eine einzige unerwartete Frostnacht könnte alles zerstören.

f) **Gerste.** Es sind neue Gerste-Sorten gezüchtet worden, die in 70 Tagen reifen!

g) **Gras.** Nur Gras ist nicht frostempfindlich. Und Gras ist notwendig für die Gewinnung von Heu. In den langen Wintern werden gewaltige Mengen Heu verfüttert.

h) **Temperaturen (°C)**

	J	F	M	A	M	J	J	A	S	O	N	D	Jahr
Inari	-14	-13	-9	-3	4	10	13	11	6	-1	-7	-13	-1
Sodankylä	-14	-13	-9	-2	5	11	15	12	6	-1	-6	-10	0
Oulu	-10	-10	-7	0	7	13	17	15	9	3	-2	-6	2
Kuopio	-10	-11	-7	1	8	14	17	15	10	3	-2	-7	3
Turku	-6	-7	-4	3	9	14	17	16	11	6	1	-2	5

Zum Vergleich:

	J	F	M	A	M	J	J	A	S	O	N	D	Jahr
Hannover	0	1	4	8	13	16	17	17	14	9	5	2	9
Rom	7	8	11	14	18	23	26	26	22	18	13	9	16

Die Karte D wird euch überraschen: Bis 1940 wurde der Anbau von Sommerweizen weit nach Norden vorgeschoben, dann aber schrittweise wieder zurückgenommen. Bei Rovaniemi hat man um 1940 tatsächlich Weizen angebaut; heute denkt dort niemand mehr daran.

Trotz der neuen Sorten war es immer wieder zu Frostschäden und Mißernten gekommen. Die Bauern beschränkten sich schließlich auf die Milchwirtschaft. Wer heute durch Nordfinnland fährt, begegnet den Tankwagen, die die Milch zu den Molkereien schaffen.

Viele Bauern haben die Hoffnung aufgegeben und den Norden verlassen. Zu groß erschienen ihnen die Anstrengungen, zu klein die Erträge.

Im Gewächshaus von Herrn Bol

**2
Blick auf das Gartenbaugebiet Westland**

1

2

Gemüseanbau ohne Boden

„So haben wir uns das nicht vorgestellt!", war die Reaktion nach einem Besuch im Paprika-Gewächshaus von Herrn Bol in Honselerdijk südlich von Den Haag. Das riesige Glashaus überdeckt eine Fläche von 1,5 ha. Das ist etwa so groß wie drei Fußballfelder. Links und rechts des betonierten Ganges bedecken Folien den Boden. In langen Reihen ranken Paprikapflanzen an einer Schnur drei Meter hoch: Blüten, grüne und rote Früchte sind gleichzeitig an einem Trieb.
Die Pflanzen wachsen aus einem Steinwolle-Würfel – von Erde keine Spur. Im Würfel steckt ein dünner Schlauch. Tropfenweise führt er Wasser mit Mineralstoffen zu. Zur Bewässerung dient hauptsächlich Regenwasser vom Glasdach.

„Wolle ist besser als Scholle! Sie ist frei von Ungeziefer und Unkraut. Die Wurzeln werden besser belüftet und nehmen leichter Nährstoffe auf. Sie kennen dies ja von Hydrokulturen. Meine Schlupfwespen bekämpfen Schädlinge an den Pflanzen. Seit ich sie aussetze, benötige ich weniger Spritzmittel." Im Heizraum erklärt Herr Bol weiter: „Ein Computer steuert die Erdgasheizung. Damit ist das Klima im Treibhaus optimal eingestellt."
Von Februar bis Oktober kann Woche für Woche geerntet werden. Ein Wagen rollt zwischen den engen Pflanzenreihen auf den Heizungsrohren als Schienen. Im Vorraum sortiert und verpackt eine Frau den Paprika am Fließband. Dann kommt das Gemüse zur Versteigerungshalle der Genossenschaft in Poeldijk. Herr Bol ist dort Mitglied und deshalb verpflichtet, seine gesamte Ernte abzuliefern.

3

Auf dem Stuttgarter Großmarkt um 4.30 Uhr

Im November wird die Glashalle ausgeräumt. Eine Spezialfirma entsorgt das Substrat: die mit Dünger angereicherte Steinwolle. Ein Saatzuchtbetrieb liefert dann die 50 000 neuen Setzlinge.

Wie Herr Bol liefern weitere 3 200 Gärtner des Westlandes in Poeldijks Versteigerungshalle an. Jeder ist auf eine Kultur spezialisiert. Alle hoffen auf einen guten Preis bei der Auktion, auf der Großhändler Gemüse für die Märkte in ganz Europa ersteigern .

„Gläserne Stadt" und „Garten Europas" – beide Bezeichnungen treffen für das Westland zu. Die starke Nachfrage nach Gemüse und Obst in den Städten Den Haag, Delft und Rotterdam förderte den Übergang vom Ackerbau zum Gartenbau im Westland schon vor 1900. Das milde und feuchte Seeklima begünstigte den Anbau von Feldgemüse.

Seit 1950 setzte die umfangreiche „Beglasung" im Gartenbau ein. In Naaldwijk und Monster liegt die halbe Anbaufläche unter Glas. Bei Tomaten, Gurken und Paprika ist die „Substratzucht" die Regel. Später ließen Absatzschwierigkeiten bei den Treibhauskulturen viele Gärtner zum Anbau von Schnitt- oder Topfblumen übergehen.

Aus den Glashäusern des Westlandes kommt mehr als ein Drittel des niederländischen Gemüses und der Schnittblumen.

1 Suche Westland im Atlas. Fertige eine Lageskizze an.

2 „Wolle ist besser als Scholle." Erläutere, was hiermit gemeint ist.

3 Der Gemüseanbau im Westland ist hochspezialisiert. Erkläre.

4 Wie kommt Paprika aus dem Westland auf unseren Markt? Beschreibe.

5 Welche Produkte aus niederländischen Glashäusern kaufst du?

6 „High-Tech-Gemüse" auf „Substrat" – und was sagt ihr dazu?

Westland in Zahlen 1992:

Fläche und Betriebe

Gartenbau	4 000 ha
unter Glas	3 400 ha
Betriebe	3 200
Beschäftigte	10 000
Zulieferbetriebe	640
Beschäftigte	7 250

Produkte

Tomaten	260 Mio. kg
Gurken	159 Mio. St.
Kopfsalat	251 Mio. St.
Paprika	24 Mio. kg
Radieschen	97 Mio. Bd.

Schnittblumen in Mio. St.

Chrysanthemen	369
Fresien	366
Rosen	261
Nelken	231
Lilien	103

4

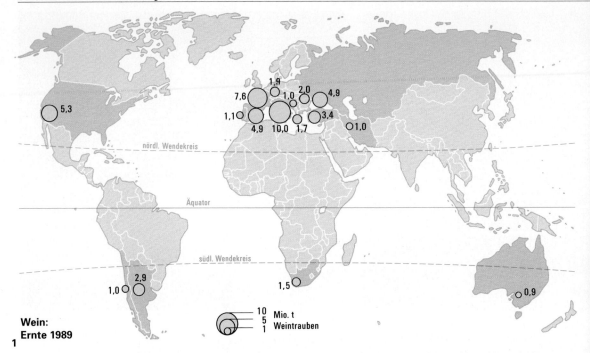

Wein:
Ernte 1989

1

Deutschland – zu kalt für den Weinbau?

Die Weinrebe braucht viel Wärme; sie ist im Mittelmeergebiet heimisch. Vor fast 2000 Jahren wurde sie von den Römern auch nach Frankreich und Deutschland gebracht, aus den Subtropen also in unsere Gemäßigte Zone.

Arbeiten des Winzers
düngen
Reben schneiden
Drähte ziehen
Reben biegen und festbinden
Boden lockern
Pflanzenschutzmittel spritzen
junge Triebe schnei den
Trauben ernten und abliefern

Frankreich ist zu einem führenden Weinland geworden. Die französischen Weine sind berühmt. In Frankreich ist Wein ein Nationalgetränk: 80 l Wein trinkt durchschnittlich jeder Franzose im Jahr. In großen Teilen Frankreichs ist es gerade warm genug für die Reben. Aber in **Deutschland**? Deutschland liegt doch noch weiter nördlich.

	Geogr. Breite	Durchschnittliche Temperatur
Cordoba	38° Nord	18,0°C
Rom	42° Nord	15,6°C
Bordeaux	45° Nord	12,3°C
Freiburg	48° Nord	10,3°C
Karlsruhe	49° Nord	10,1°C
Hannover	52° Nord	8,7°C

3

2

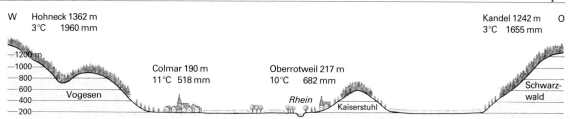

W   Hohneck 1362 m   Kandel 1242 m   O
3°C   1960 mm   3°C   1655 mm

Colmar 190 m   Oberrotweil 217 m
11°C 518 mm   10°C   682 mm

Vogesen   Rhein   Schwarz-
                                              Kaiserstuhl   wald

4

Profil durch das Oberrheinische Tiefland

0 _____ 10 km

Tatsächlich, in Deutschland ist es fast überall zu kalt für den Weinbau. Geeignet sind nur die wärmsten Gebiete. Kennst du die wärmste deutsche Landschaft? Es ist die Oberrheinebene. Sie ist deshalb so warm, weil sie schon ziemlich weit südlich liegt und weil sie besonders tief liegt. Wenn die Berge links und rechts bereits in den Wolken verschwunden sind, dann scheint in der Oberrheinebene oft noch die Sonne. Hier unten ist es wärmer, sonniger und auch trockener. Mehr als die Hälfte des deutschen Weins kommt aus der Oberrheinebene.

1 Karte (1): Eingetragen sind die 16 wichtigsten Weinbauländer. Schreibe sie auf und ordne sie.

2 Welche der Kreise auf Karte (1) liegen in den Subtropen, welche in der Gemäßigten Zone? Nimm die Klimakarte Seite 56/57 zu Hilfe.

3 Sucht im Schulatlas eine Karte, auf der man erkennen kann, daß die Oberrheinebene wärmer ist als das übrige Deutschland. Was kann man alles ablesen?

4 Zeichne (mit Hilfe des Schulatlas) eine einfache Karte der deutschen Weinbaugebiete. Trage die Flüsse ein.

5 Einen besonderen „Wärme-Trick" kann man am Mittelrhein, am Main und an der Mosel studieren: Die Reben wachsen auf den steilen Hängen der Flußtäler. Nirgends auf der Erde gibt es steilere Weinfelder. Warum machen sich die Winzer so große Mühe?

Nehmt die Zeichnung (6) zu Hilfe und sucht nach einer Begründung. – Auf der Zeichnung sind mehrere Flächen unterschieden: A–E. Welche werden besonders stark erwärmt? Welche sind besonders benachteiligt?

Weinbau an der Mosel

5

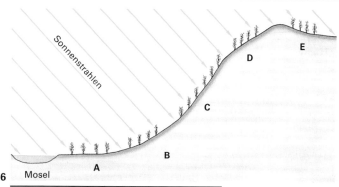

6 Mosel

7

Wein-Anbauflächen in Deutschland	
Rheinland-Pfalz	67 700 ha
Baden-Württemberg	25 300 ha
Hessen	3 300 ha
Bayern	5 400 ha
Saarland	100 ha

29

Landwirtschaft am Mittelmeer

Die Landwirtschaft muß sich nach dem Klima richten. Das ist überall so auf der Erde. Die Kulturpflanzen brauchen Wärme und Wasser.

Bei uns in Deutschland (Klimazone 4) fehlt es an Wärme. Für viele Pflanzen ist es in den Wintermonaten zu kalt. Sie sterben ab oder legen eine Winterruhe ein.

Ganz anders im Mittelmeergebiet (Klimazone 7). Dort ist es viel wärmer, und es können sogar Pflanzen wachsen, für die es bei uns zu kalt ist. Dafür aber fehlt es an Wasser: In den Sommermonaten regnet es fast gar nicht. Mehrere Monate lang herrscht „Sahara-Wetter", heiß und trocken. Das gefällt natürlich den Urlaubern. Wie aber werden die Bauern mit der sommerlichen Trockenheit fertig?

Ölbäume in Südspanien

Erstes Beispiel

Keine Pflanze ist so gut an das Mittelmeerklima angepaßt wie der Ölbaum. Er hat tiefreichende Wurzeln, die auch im Sommer noch etwas Feuchtigkeit heraufholen. Die Blätter sind mit einer lederartigen Haut

Zweites Beispiel

Man baut Kulturpflanzen an, die nicht viel Wärme benötigen und auch bei uns wachsen, z. B. Weizen und Kartoffeln. Damit kann man die winterlichen Regenfälle ausnutzen. Der Weizen wächst schon im Winter und Frühling. Die Kartoffeln werden schon im Februar gepflanzt. Wenn im Juni und Juli die Touristen eintreffen, sind die Felder bereits abgeerntet.

Dies ist ein Beispiel für **Regenfeldbau**: Die Bauern verlassen sich auf den Regen und richten die Bewirtschaftung der Felder darauf ein. Es wird nicht bewässert.

Weizenfelder in Mittelspanien

1

überzogen, die vor zu starker Verdunstung schützt. Die Früchte, die Oliven, brauchen den heißen Sommer, um richtig auszureifen. Erntezeit ist der Winter. Mehr als 95 % aller Oliven kommen aus dem Mittelmeerraum.

1 Wie können Ölbäume und Weinreben die trockenen Sommermonate überstehen? Benutze die Zeichnung (6).

2 Ausgerechnet im Sommer brauchen die Apfelsinenbäume viel Wasser, viel mehr als die Ölbäume. Wie haben die Bauern in den Mittelmeerländern das Problem gelöst?

3 Handelt es sich um Regenfeldbau oder Bewässerungsfeldbau: Kartoffeln in Norddeutschland, Weinbau an der Mosel, Ölbäume in Spanien, Apfelsinenbäume in Italien, Dattelpalmen in der Wüste Sahara?

Drittes Beispiel

Apfelsinen sind die bekanntesten Früchte der Mittelmeerländer. Von dort kommen die meisten Zitrusfrüchte, z. B. Apfelsinen, Mandarinen und Zitronen. Aber sie sind dort nicht heimisch. „Apfelsine" – das heißt „chinesischer Apfel". Tatsächlich, die Apfelsinenbäume stammen aus China, aus dem Südosten des Landes, wo es auch im Sommer viel regnet. Gerade im Sommer brauchen die Apfelsinenbäume große Mengen Wasser. Im Mittelmeergebiet müssen die Pflanzungen deshalb bewässert werden. Ein Beispiel für **Bewässerungsfeldbau**.

Apfelsinenbäume in Südspanien

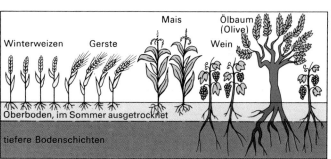

Winterweizen Gerste Mais Ölbaum (Olive) Wein

Oberboden, im Sommer ausgetrocknet

tiefere Bodenschichten

Landwirtschaft in Polen

Sommer 1989: In Polen sind die Lebensmittel knapp. Die westlichen Länder werden um Hilfe gebeten. Über ein Jahr lang wird Polen Empfänger von Nahrungsmittelhilfe. Eine ungewöhnliche Situation für ein Land, in dem die landwirtschaftlich genutzte Fläche mehr als doppelt so groß wie in Deutschland ist. Welche Erklärung gibt es dafür?

Die natürlichen Voraussetzungen für die Landwirtschaft sind nur in einigen Landesteilen günstig. Im Norden und Osten sowie in den Gebirgslagen ist die Wachstumszeit kürzer als im Westen und im Landesinneren. Nach Osten nehmen die Niederschläge ab und die Winter werden länger. Der größte Teil der Böden hat nur eine geringe bis mittelmäßige Fruchtbarkeit. In den Niederungen wirkt sich hoher Grundwasserstand und Überschwemmungsgefahr nachteilig aus. Die Leistungsfähigkeit der Landwirtschaft ist aber nicht nur von den

Heuernte in Ostpolen 2

Hektarerträge im Vergleich (1989)

Ertrag je ha	Weizen	Zucker-rüben	Mais
Polen	34,8 dt	341 dt	51,1 dt
Deutschland	62,1 dt	542 dt	75,3 dt
Frankreich	63,4 dt	643 dt	67,7 dt
Ungarn	54,5 dt	–	54,6 dt

3

natürlichen Bedingungen abhängig. Um die Probleme der Nahrungsmittelversorgung zu verstehen, müssen auch die gesellschaftlichen Verhältnisse betrachtet werden.

Die polnische Regierung hat die Entwicklung der Landwirtschaft lange Zeit vernachlässigt. Die landwirtschaftlichen Betriebe befinden sich vor allem im Südosten und im Landesinnern. Die Felder sind sehr klein und stark zersplittert. Staatliche Betriebe und Genossenschaften, mit großen Ackerflächen, entstanden vor allem in West- und Nordpolen.

Streifenflur in Polen

1

Bodennutzung in Polen

Ostsee

Danzig (Gdańsk)
Stettin (Szczecin)
Bialystok
Bromberg (Bydgoszcz)
Posen (Poznań)
Warschau (Warszawa)
Łódź
Lublin
Breslau (Wrocław)
Kattowitz (Katowice)
Krakau (Kraków)

	intensiv genutztes Ackerland
	überwiegend Ackerland
	Wiese, Weide
	großes Waldgebiet

Zuckerrüben
Weizen
Obst, Gemüse

Wachstumszeit
————210————
(Zahl der Tage mit einer Mit-
teltemperatur von über 5 °C)

0 ——————— 150 km

Von jeweils 100 arbeiteten 1990 in	Landwirtschaft	Industrie	Dienstleistungen
Polen	27	28	45
Deutschland	4	42	54
Frankreich	6	30	64
Ungarn	20	36	44

Beschäftigte nach Wirtschafts-
bereichen

1 Werte die Karte (4) aus:
a) Beschreibe die Lage der wichtigsten Landwirtschaftsgebiete Polens.
b) Welche Zusammenhänge zu den
natürlichen Verhältnissen kannst du
erkennen? Nutze auch den Atlas.
2 Welche Aussagen zur polnischen
Landwirtschaft kannst du aus Diagramm (5) und Tabelle (3) ableiten?
3 Erkläre die Ursachen für die relativ
geringe Produktionsleistung der polnischen Landwirtschaft. Beachte natürliche und gesellschaftliche Bedingungen. Nutze auch die Fotos (1)
und (2).

Bauer T. Kruszewski zu Problemen der Nahrungsmittelversorgung

„Lebensmittel sind nicht generell
knapp. Woran es uns hauptsächlich
mangelt, sind tierische Produkte wie
Fleisch und Milch. Unserer Landwirtschaft fehlt eine ausreichende
einheimische Futtergrundlage. Die
meisten Bauern bewirtschaften als
private Kleinbauern weniger als 5 ha
Land. Ein Drittel der Betriebe ist sogar kleiner als 2 ha. Die Erträge rei-
chen deshalb oft nur für die Selbstversorgung.

Etwa ein Viertel unserer Landwirt-
schaftsfläche wird von großen
Staatsgütern und Landwirtschaftlichen Produktionsgenossenschaf-
ten bewirtschaftet. Obwohl diese
Betriebe in der Vergangenheit bevorzugt mit Maschinen, Dünger und
Saatgut versorgt wurden, konnten
sie die Erträge nur geringfügig
steigern.

Große Probleme ergaben sich aus
der Preispolitik der Regierung. Man
wollte die Preise für Grundnah-
rungsmittel, wie zum Beispiel Milch
und Brot, niedrig halten. Für einen
Liter Milch bekam ich 1988 noch
70 Zloty. Im Lebensmittelgeschäft
kostete ein Liter Milch aber nur
19 Zloty. Daraus ergab sich eine
große Nachfrage, die von der Landwirtschaft nicht gedeckt werden
konnte. Seit August 1989 wurden –
bis auf wenige Ausnahmen – die
Lebensmittelpreise freigegeben.

Heute können wir alles kaufen, was
früher Mangelware war. Aber die
Menschen haben kein Geld, denn
Arbeitslosigkeit und Preise sind
sprunghaft angestiegen".

Kornkammer Ukraine

Weite, ebene Flächen, Felder so weit das Auge reicht – so sieht ein großer Teil der Ukraine aus. Fast die Hälfte der gesamten landwirtschaftlichen Produktion der ehemaligen Sowjetunion kam aus diesem Gebiet. Ein Grund für diese großflächige Nutzung ist die Schwarzerde, ein sehr fruchtbarer, humusreicher Boden. Sie verdankt ihren Namen der bis zu 140 cm tiefen schwarzen Bodenschicht.

Dennoch ist die Landwirtschaft unter den besonderen Bedingungen des Landklimas sehr risikoreich. Im kurzen Frühjahr können Regen- und Schmelzwasser leicht den oberflächlich aufgetauten Boden wegspülen und kilometerlange Gräben mit zehn und mehr Metern Tiefe und Breite einschneiden. In den heißen und trockenen Sommern kommt es infolge von länger andauernden Dürren immer wieder zu Ernteausfällen.

Großflächiger Getreideanbau

3

2 **Erosion**

4
Windschutzstreifen

4

Landwirtschaft in der Ukraine

intensiv genutztes Ackerland (Schwarzerde)

überwiegend Ackerland

landwirtschaftlich nicht genutzte Fläche (Wald)

Zuckerrüben

Weizen

Obst u. Gemüse

Wein

1   Viehwirtschaft (Weidewirtschaft)

0   100   200 km

Um das Wasserangebot zu sichern, haben die Menschen Flüsse angezapft und Bewässerungskanäle gebaut. Zwar waren diese Maßnahmen zunächst erfolgreich, aber nach und nach führte die Bewässerung zur Versalzung der Böden.

Fürchten müssen die Bauern die „Schwarzen Stürme". Das sind heiße Ostwinde, welche die trockene obere Bodenschicht aufnehmen und weit über das ebene Land transportieren. Windschutzstreifen sollen dies verhindern. Sie bestehen aus Baum- und Strauchreihen, die die Menschen an den Feldrändern pflanzten.

Große Probleme entstehen auch durch den Einsatz von schweren Maschinen. Aufgrund der Bodenverdichtung kann das Wasser nicht mehr versickern. Es bildete sich Staunässe. Dies alles zwang bereits zur Aufgabe riesiger Ackerflächen.

> **Landklima (Kontinentales Klima)**
> So bezeichnet man das Klima im Inneren der Kontinente, das durch geringe Jahresniederschläge und große, jährliche Temperaturschwankungen gekennzeichnet ist. Kalte Winter und warme Sommer prägen diesen Klimatyp.
> Durch die große Entfernung vom Ozean können feuchte Luftmassen nur selten vordringen. Die Folge sind ganzjährig geringe Niederschläge. Die fehlende Wolkendecke und trockene Luft führen im Frühjahr zu einer schnellen Erwärmung, im Herbst dagegen zu einer schnellen Abkühlung der Erdoberfläche.

Anteile der Ukraine an der Agrarproduktion der ehemaligen Sowjetunion 1990 (in %)

Getreide	25
Sonnenblumen	50
Weizen	51
Zuckerrüben	53
Gemüse	26
Fleisch	22
insgesamt	46

5

1 a) Erkläre mit Hilfe der Karte (1) und des Fotos (3), wie die Steppe genutzt wird.
b) Begründe, warum die Schwarzerde ein fruchtbarer Boden ist.
2 a) Welches Risiko besteht trotz des fruchtbaren Bodens für die Landwirtschaft?
b) Erkläre mit Hilfe der Fotos (2), (3) und (4) landwirtschaftliche Nutzung, Folgen für die Umwelt und mögliche Gegenmaßnahmen.
3 Nenne Eigenschaften des Landklimas.
4 Überprüfe das Klima von Saporoschje (Klimatabelle S. 58/59) auf Merkmale des Landklimas.

1 Rotbarschfang im Europäischen Nordmeer

ner Million Tonnen im Jahr die Lodde. Sie dient zur Herstellung von Fischmehl und Fischöl.

Tag für Tag warten in 60 Häfen die Angestellten der Fischverarbeitungsbetriebe auf die Fänge der Kutter und Trawler. Durch die Ausfuhr von gefrorenem, gesalzenem oder getrocknetem Fisch, Fischmehl und Fischöl, Garnelen, Hummer und Muscheln erwirtschaftet Islands Fischindustrie allein etwa drei Viertel der Exporteinnahmen.

Vom Fischfang zur Fischmast

Die Isländer sagen: „Unsere Lebensgrundlage ist das Meer".

Fast zwei Millionen Tonnen Fisch holen Islands Fischer jährlich aus dem Nordmeer. Bei den Speisefischen nimmt der Kabeljau etwa die Hälfte der Fangmenge ein, hinzu kommen Rotbarsch, Schellfisch, Seelachs und Hering. Der meist gefangene Fisch ist jedoch mit rund ei-

Europäisches Nordmeer

- besonderer Fischreichtum
- Fischereihafen im nördlichen Europa
- warme Meeresströmung
- kalte Meeresströmung

3

Das Europäische Nordmeer ist eines der fischreichsten Meere der Erde. Dort sind die Lebensbedingungen für Fische besonders günstig. Das Meer ist reich an Plankton, der Grundnahrung von Fischen. Es besteht aus im Wasser schwebenden pflanzlichen und tierischen Kleinstlebewesen wie zum Beispiel Algen, Kleinkrebse und Quallen.

Plankton kann sich im flachen Nordmeer besonders gut entwickeln, weil hier verschiedene Meeresströmungen zusammentreffen, die das Wasser gut durchmischen. Dabei werden Nährstoffe vom Meeresgrund nach oben gespült und das Wasser mit Sauerstoff angereichert. An der Wasseroberfläche fördert dann das Sonnenlicht die Bildung des Planktons.

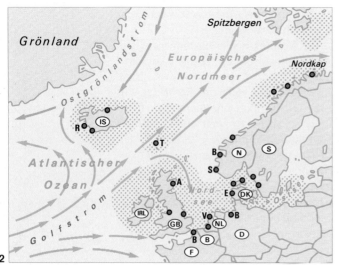

2

4

Die Fischbestände des Europäischen Nordmeers sind heute stark bedroht. Verbesserte Fangmethoden ermöglichen eine gcnauere Ortung der Fischschwärme. Mit engmaschigen Netzen werden vermehrt auch Jungfische gefangen, um sie zu Fischmehl zu verarbeiten. Diese Überfischung führte zu einem starken Rückgang der Fischbestände und damit der Fangerträge.

Zum Schutz ihrer Gewässer errichteten die Küstenstaaten „200-Seemeilen-Zonen". In diesen Zonen dürfen ausländische Schiffe nur mit vertraglicher Genehmigung fischen. Außerdem sind für die Staaten der Europäischen Union „Fangquoten" und „Mindestmaschengrößen" festgelegt. Diese Einschränkungen machten viele Fischer brotlos! Liegt der Ausweg im Fish-Farming?

Die Aufzucht und Mast von Fischen in Süßwasserteichen ist schon alt. In Norwegen und Island wird heute **Fish-Farming** verstärkt auch im Meerwasser betrieben. In großen Netzkäfigen werden vor allem Lachse und Forellen gezüchtet. Norwegen verdient am Farmfisch schon mehr als am Fangfisch.

Doch überall, wo viele Tiere auf engem Raum gehalten werden, treten ähnliche Probleme auf durch

• Medikamente gegen Seuchengefahr,

• Chemikalien zur Reinigung der Käfige,

• die Ausscheidungen der Tiere als „Abfallproblem".

Und Mastfleisch ist nicht gleich Wildfleisch!

1 Erläutere die Aussage „Island lebt vom Fisch".

2 a) Karte (2): Nenne die fischreichen Gebiete des Europäischen Nordmeers.
b) Text (4): Wie ist dieser Fischreichtum zu erklären?

3 a) Nenne die Ursachen und die Folgen der Überfischung.
b) Wie reagierten die Küstenstaaten hierauf?

4 Beschreibe Fischfang und Fish-Farming anhand der Fotos (1) und (5). Nenne jeweils auch die Vor- und Nachteile.

5 Graphik (6): Untersuche die Entwicklung der Farmlachsproduktion in Norwegen 1972–1991.

6 Die Intensivhaltung von Tieren führt oft zu Problemen! Erkläre.

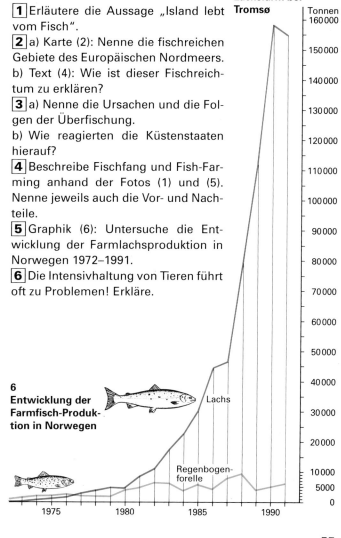

Lachsfarm bei Tromsø

6
Entwicklung der Farmfisch-Produktion in Norwegen

Rohstoffe und Industrie

2

1

Braunkohlentagebau

Wir leben nicht nur auf der Erde, wir leben auch von ihr. Denn die Erde hält für uns Rohstoffe bereit, aus denen wir viele Dinge des täglichen Lebens herstellen können.

Der Bergbau liefert die meisten Rohstoffe, auch pflanzliche und tierische Rohstoffe werden benötigt.

Daraus werden Nahrungsmittel, Textilien, Baustoffe und Maschinen hergestellt. Auch zum Antrieb der Maschinen werden Rohstoffe benötigt.

Rohstoffe sind nicht unbegrenzt vorhanden. Aus diesem Grund müssen wir sehr sorgsam mit ihnen umgehen.

1

**Aussichtspunkt
am Tagebau**

2

Braunkohlen-Tagebau in der Lausitz

Wer ein Steinkohlen-Bergwerk besichtigen will, braucht eine Erlaubnis, er braucht besondere Kleidung, einen Führer ...

Ganz anders bei der Braunkohle. Braunkohle wird im Tagebau gewonnen. Findet man einen guten Aussichtspunkt am Rand der riesigen Grube, so kann man alles Wichtige beobachten. Unser Beispiel ist der Tagebau Jänschwalde bei Cottbus. Es gibt viel zu sehen:

- Eimerketten-Bagger räumen die 60 m dicken Erdschichten über dem Kohlenflöz ab. Dieser Abraum gelangt über eine riesige Förderbrücke auf die andere Seite der Grube. Dort ist die Kohle abgebaut, die Grube wird wieder zugeschüttet.
- Tief unten erkennt man das Kohlenflöz. Es ist etwa 12 m dick. Mehrere Bagger graben die Kohle aus dem Flöz. 50 000 t Kohle schaffen sie an einem Tag. Das ist genug, um die große Stadt Berlin einen Tag lang mit Strom zu versorgen.
- Auf einem breiten Förderband kommt die Kohle aus der Grube heraus. Sie wird dann auf die Eisenbahn umgeladen und zum Kraftwerk Jänschwalde gefahren.
- Viele Brunnen und Pumpen sorgen dafür, daß die Grube nicht zu einem See wird. Ständig wird Grundwasser abgepumpt.

1 Arbeitet mit den Fotos und mit dem Text und beschreibt den Abbau der Braunkohle.

2 Schreibe den folgenden Text in dein Heft und ergänze die fehlenden Wörter:

Steinkohle und Braunkohle

Braunkohle wird im ... gewonnen, Steinkohle dagegen im ... . Die Steinkohlen-Flöze liegen tief unter der Erde und sind sehr dünn.

Die ... sind viel dicker und liegen nicht so ... .

Steinkohle und Braunkohle verwendet man großenteils für dieselben Zwecke, nämlich für ...; Steinkohle dient darüber hinaus auch zur ... .

Tagebau
Jänschwalde

Schaufelrad
eines Baggers

3

Braunkohle verwendet man . . .

für Stromerzeugung im Kraftwerk
(überwiegend)

als Grundstoff in der Chemischen
Industrie

für Heizung im Haushalt

Steinkohle verwendet man . . .

für Stromerzeugung im Kraftwerk

als Grundstoff in der Chemischen
Industrie

zur Erzverhüttung im Hochofen
(als Koks)

Heute hat Kohle für die Heizung von Wohnungen nur noch eine geringe Bedeutung.

Tagebau

Untertagebau

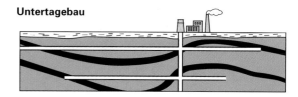

4

5

6

5
Wolkenberg 1990:
Der Abriß der Häuser
beginnt.
6
Nach dem Kohleab-
bau wird die Tage-
bau-Grube aufgefüllt.
7
Rekultivierung: Tüm-
pel mit verschiede-
nen Wasserpflanzen
8
Rekultivierung: neue
Wälder
9
Tagebau
Welzow-Süd

Immer weiter ist die Tagebau-Grube gewandert, bis heute schon über eine Fläche von 50 km².

3 Bearbeitet zunächst die Karte:
a) Wo wird Braunkohle abgebaut?
b) Wo ist der Abbau beendet?
c) Wo hat der Abbau begonnen?

Wo die Kohle abgebaut ist, müssen die Flächen wieder nutzbar gemacht werden, **Rekultivierung** ist nötig. Auf der „Kippe", der aufgefüllten Grube, können nach einigen Jahren **neue Äcker** angelegt werden. Andere Flächen werden mit Bäumen bepflanzt, **neue Wälder** entstehen. Die Wälder sind wichtig für die Erholung, z.B. für die Bewohner der Stadt Spremberg.
Und im Tagebau-Gebiet? Nehmen wir ein Beispiel: Das Dorf Wolkenberg hatte 220 Einwohner, ein Lebensmittelgeschäft, eine Gaststätte und einen Kindergarten. Das war 1980. Doch die Braunkohle unter dem Ort sollte abgebaut werden. Die Menschen mußten ihre Heimat verlassen, sie wurden nach Spremberg **umgesiedelt**. Für ihre Häuser erhielten sie eine Entschädigung.

4 Wie hat sich die Landschaft durch den Braunkohlen-Tagebau verändert? Beschreibt die Fotos (5) – (8) und ordnet sie in die Karte ein.

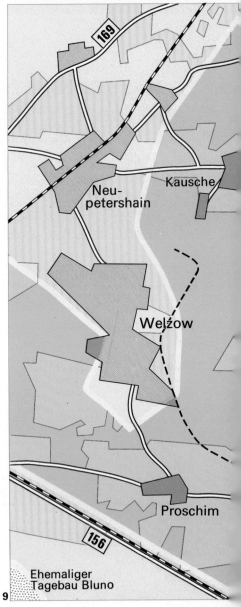

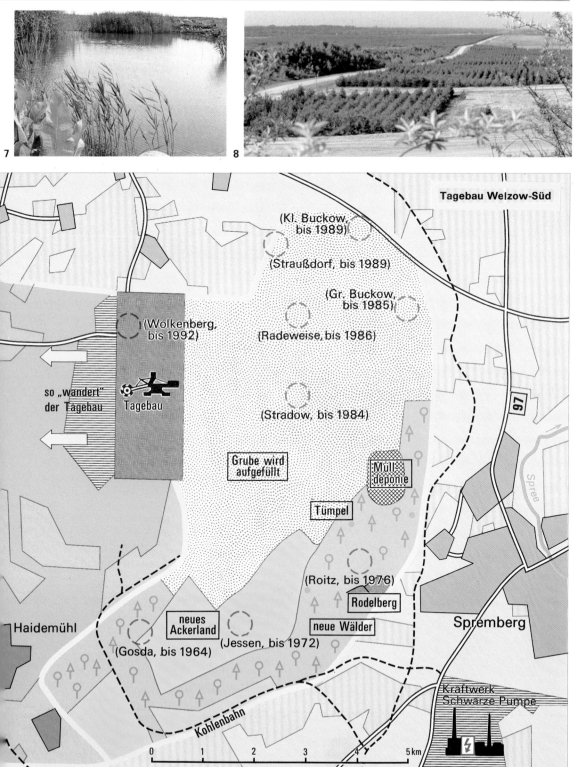

7

8

Tagebau Welzow-Süd

(Kl. Buckow, bis 1989)

(Straußdorf, bis 1989)

(Gr. Buckow, bis 1985)

(Wolkenberg, bis 1992)

(Radeweise, bis 1986)

so „wandert" der Tagebau

Tagebau

(Stradow, bis 1984)

Grube wird aufgefüllt

Müll deponie

Tümpel

(Roitz, bis 1976)

Rodelberg

Haidemühl

neues Ackerland

neue Wälder

Spremberg

(Gosda, bis 1964)

(Jessen, bis 1972)

Kraftwerk Schwarze Pumpe

Kohlenbahn

0   1   2   3   4   5 km

Spree

97

43

Eine Bohrinsel wird von der norwegischen Küste zu den Erdöl- und Erdgasfeldern „Statfjord" gebracht

3

1

Dave Seymour

**Erdöleinfuhren
Deutschlands
1990 in Mio. t**

UdSSR	20,1
Großbritannien	14,9
Libyen	11,5
Norwegen	6,6
Nigeria	6,1
Saudi-Arabien	6,0
Venezuela	4,6
Syrien	3,6
Sonstige	13,6
gesamt	87,0

2

offshore (englisch = vor der Küste)

Erdöl aus der Nordsee

Sie suchen es in den entlegensten Gebieten der Erde, sie fördern es aus großer Tiefe in der Wüste, im Dschungel oder in den Eisfeldern Alaskas: Erdöl, das „flüssige Gold". Auch am Grunde der Nordsee hatten die Bohrmannschaften der Ölgesellschaften hartnäckig danach gesucht.

In über zwei Jahren wurden 30 kilometertiefe Löcher gebohrt, ohne daß man fündig wurde.

Am 2. August 1969 endlich, stießen die Norweger auf das riesige Ölfeld „Ekofisk". Der Schatz war gefunden! In 4500 Meter Tiefe unter dem Meer.

Später fand man noch weitere Öl- und Gasfelder. Doch Erschließung und Abbau dieser Offshore-Vorkommen sind teurer und schwieriger als auf dem Land. Möglich ist dies überhaupt erst seit der Entwicklung von **Bohrinseln.** Sie werden am Festland gebaut und dann zu ihren Standorten geschleppt. Versorgungsschiffe transportieren technisches Material und Lebensmittel heran, Hubschrauber bringen die Besatzungen zum Schichtwechsel.

Dave Seymour (28) arbeitet auf der britischen Bohrinsel `Brent Delta´: „Nichts für schlaffe Bürotypen! Wir arbeiten in zwei Schichten zwölf Stunden täglich. Hier darf dir weder Kälte, Nässe noch Bohrschlamm viel ausmachen. Oder die Stürme, die einen fast von Deck blasen. Die Arbeit am Bohrgestänge kostet alle Kraft und du mußt höllisch aufpassen!

Nach sieben Tagen fliegt uns der Heli nach Aberdeen – eine Woche Landurlaub! Insgesamt arbeiten hier 152 Mann: Bohrarbeiter, Ingenieure, Elektriker, Maler, Schweißer, Taucher, Funker, ein Koch und auch ein Arzt.

Wir verdienen Spitzenlöhne, aber wir holen auch jeden Tag etwa 19000 Tonnen Öl da raus!"

4

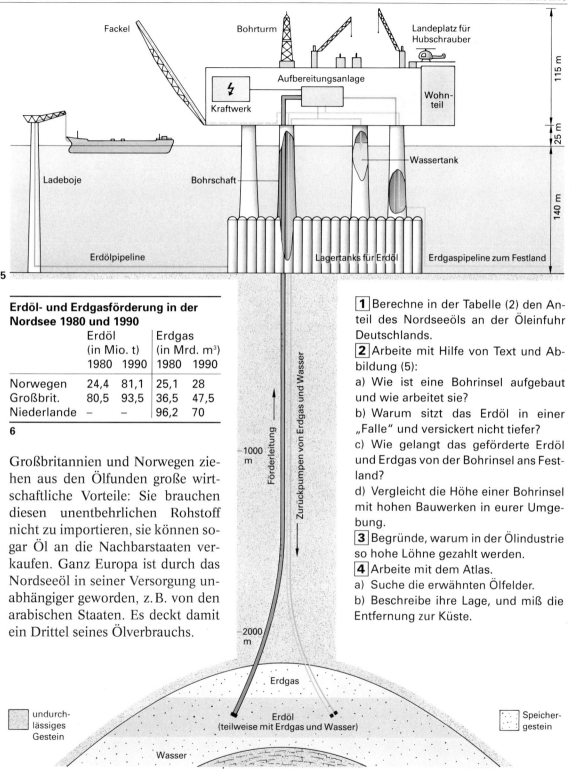

Fackel · **Bohrturm** · **Landeplatz für Hubschrauber**

Aufbereitungsanlage

Kraftwerk · **Wohn-teil**

115 m

25 m

Wassertank

Ladeboje · **Bohrschaft**

140 m

Erdölpipeline · **Lagertanks für Erdöl** · **Erdgaspipeline zum Festland**

5

Förderleitung ⟶

Zurückpumpen von Erdgas und Wasser ⟶

−1000 m

−2000 m

Erdgas

Erdöl
(teilweise mit Erdgas und Wasser)

undurch-
lässiges
Gestein

Wasser

Speicher-
gestein

Erdöl- und Erdgasförderung in der Nordsee 1980 und 1990

	Erdöl (in Mio. t)		Erdgas (in Mrd. m³)	
	1980	1990	1980	1990
Norwegen	24,4	81,1	25,1	28
Großbrit.	80,5	93,5	36,5	47,5
Niederlande	–	–	96,2	70

6

Großbritannien und Norwegen ziehen aus den Ölfunden große wirtschaftliche Vorteile: Sie brauchen diesen unentbehrlichen Rohstoff nicht zu importieren, sie können sogar Öl an die Nachbarstaaten verkaufen. Ganz Europa ist durch das Nordseeöl in seiner Versorgung unabhängiger geworden, z.B. von den arabischen Staaten. Es deckt damit ein Drittel seines Ölverbrauchs.

1 Berechne in der Tabelle (2) den Anteil des Nordseeöls an der Öleinfuhr Deutschlands.

2 Arbeite mit Hilfe von Text und Abbildung (5):
a) Wie ist eine Bohrinsel aufgebaut und wie arbeitet sie?
b) Warum sitzt das Erdöl in einer „Falle" und versickert nicht tiefer?
c) Wie gelangt das geförderte Erdöl und Erdgas von der Bohrinsel ans Festland?
d) Vergleicht die Höhe einer Bohrinsel mit hohen Bauwerken in eurer Umgebung.

3 Begründe, warum in der Ölindustrie so hohe Löhne gezahlt werden.

4 Arbeite mit dem Atlas.
a) Suche die erwähnten Ölfelder.
b) Beschreibe ihre Lage, und miß die Entfernung zur Küste.

Was wird aus Kiruna?

Erzberg Kirunavaara

Alter Tagebau   Grub
Abraumterrassen

Verwalt

Einwohnerzahlen von Kiruna

Jahr	Einwohner
1960	22 000
1965	26 000
1970	30 000
1975	32 000
1980	30 000
1985	24 000
1990	25 000
1992	26 000

1

Eisenerzförderung in Kiruna (Mio. t)

Jahr	Mio. t
1960	22
1965	23
1970	26
1975	28
1980	24
1985	17
1990	19
1992	18

2

Eisenerz
Das Eisenerz in Nordschweden hat einen hohen Eisengehalt (60–65 Anteile von 100). Es gibt nur wenige Lagerstätten auf der Erde mit solch hohem Anteil.
In Aufbereitungsanlagen wird aus dem geförderten Erz das „taube Gestein" herausgelöst, so daß fast reines Erz in Form kleiner, runder Erzstücke, den Pellets, zum Versand kommt.

Kiruna liegt im äußersten Norden Schwedens, inmitten einer kargen Fjellandschaft und weit entfernt von den Städten Südschwedens. Was hat so viele Menschen in dieses vom rauhen Klima der Tundra geprägte Gebiet gelockt?

Es sind die großen Eisenerzlagerstätten dieses Raumes. Vor etwa hundert Jahren hat man begonnen, die bis zu 90 m mächtigen Erzschichten abzubauen, denn in jener Zeit war **Eisenerz** ein vielgefragter Rohstoff für die Eisen- und Stahlerzeugung. Für den Transport des Erzes wurde eigens die Erzbahn Narvik – Kiruna – Luleå gebaut.

Am Fuße der gewaltigen Erzberge „Kirunavaara" und „Luossavaara" siedelten sich immer mehr Bergarbeiter mit ihren Familien an, denn hier wurden die höchsten Löhne Schwedens bezahlt. Die Zahl der Bergarbeiter stieg auf 8 000, und der Bergbau ließ Kiruna reich werden.

Doch heute hat Kiruna große Sorgen: Das Bild der Stadt ist geprägt von Arbeitslosigkeit und anderen sozialen Problemen. Die Einwohnerzahl ist stark zurückgegangen, und die Stadtverwaltung muß mit weit weniger Steuereinnahmen auskommen als früher. Was ist geschehen?

• Der Abbau des Erzes wurde immer teurer, da seit 1963 die Vorräte Übertage erschöpft sind und man zum Untertagebau übergehen mußte. Heute wird das Erz im größten Eisenerz-Untertagebau der Erde in 800 m Tiefe gefördert.

• Die Abnehmerstaaten des schwedischen Erzes bevorzugten preisgünstigere Erze, zum Beispiel aus Brasilien, Liberia oder Australien.

• Anstelle von Eisen und Stahl werden in der Industrie heute vermehrt Kunststoffe verarbeitet, so daß der Rohstoff Eisenerz an Bedeutung verlor.

Hierdurch ging die Erzförderung in Kiruna stark zurück. Trotz staatlicher Unterstützung fanden 1992 nur noch 3 500 Bergleute im Bergbau Arbeit. Und was wird nun aus Kiruna?

Die staatliche Bergwerksgesellschaft bereitet heute über die Hälfte des geförderten Erzes zu hochwerti-

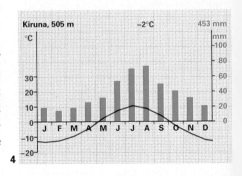

Kiruna, 505 m   −2°C   453 mm

4

äude   Neue Abraumhalde

Luossajärvi

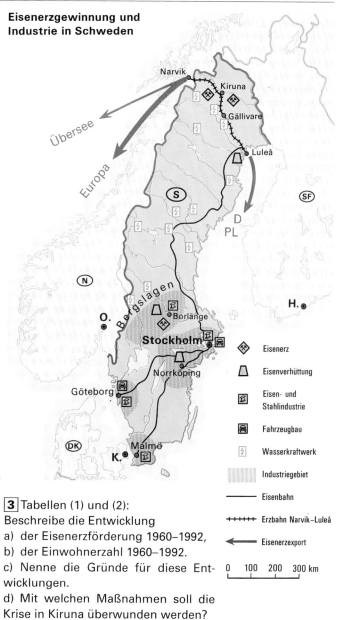

**Eisenerzgewinnung und
Industrie in Schweden**

Narvik
Kiruna
Gällivare
Luleå
Übersee
Europa
S
SF
D
PL
N
Bergslagen
H.
O.
Borlänge
Stockholm
Norrköping
Göteborg
DK
Malmö
K.

◈ Eisenerz

⌂ Eisenverhüttung

▣ Eisen- und
Stahlindustrie

▣ Fahrzeugbau

⚡ Wasserkraftwerk

▓ Industriegebiet

—— Eisenbahn

+++++ Erzbahn Narvik–Luleå

◄—— Eisenerzexport

0   100   200   300 km

5

gen Pellets auf, die als Spitzenpro-
dukte in der europäischen Stahlindustrie noch sehr gefragt sind.
Auch die schwedische Regierung
will Kiruna nicht aufgeben. Sie
plant, hier ein Weltraumzentrum
und weitere Forschungseinrichtun-
gen zu errichten. Diese werden den
Menschen neue Arbeitsmöglichkei-
ten bringen.

1 Arbeite mit der Karte (5) und Atlas:
Das Kiruna-Erz wird über die Häfen
Narvik und Luleå ausgeführt.
a) Wohin gehen die Erze?
b) Weshalb wird der Hauptanteil über
den norwegischen Hafen Narvik und
nicht über den schwedischen Hafen
Luleå verfrachtet? Nenne mindestens
zwei Gründe.
2 Diagramm (4) und Text:
Die Menschen in Kiruna leben unter
besonderen natürlichen Bedingungen.
Erkläre.

3 Tabellen (1) und (2):
Beschreibe die Entwicklung
a) der Eisenerzförderung 1960–1992,
b) der Einwohnerzahl 1960–1992.
c) Nenne die Gründe für diese Ent-
wicklungen.
d) Mit welchen Maßnahmen soll die
Krise in Kiruna überwunden werden?
4 Die Förderung und Aufbereitung
des Erzes kostet viel Energie. Wo und
wie wird diese Energie gewonnen?

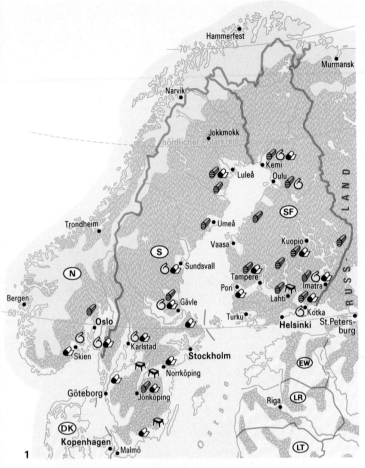

2

Skandinavien

	Tundra (im Gebirge auch als „Fjell" bezeichnet)
	Nördlicher Nadelwald
	Laub- und Mischwald der Gemäßigten Zone
	Kultur- und Ackerland

Holzverarbeitende Industrie:

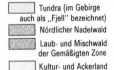 Holzindustrie (Sägewerk)

Zellstoffindustrie

Papierindustrie

Möbelindustrie

0 100 200 300 km

Holz aus Skandinavien

Schweden und Finnland sind die großen Waldländer Skandinaviens. In Schweden bedeckt der Wald mehr als die Hälfte der Landesfläche, in Finnland sogar zwei Drittel. Vor allem Kiefern und Fichten wachsen in den skandinavischen Wäldern, es ist die Zone der Nördlichen Nadelwälder.

Nehmen wir als Beispiel **Finnland.** Der größte Teil der riesigen Waldfläche gehört Privatbesitzern. Darunter gibt es fast eine halbe Million Waldbauern. Von der Landwirtschaft allein könnten sie nicht leben, aber der Holzverkauf aus ihrem Waldbesitz sichert ihnen ein ausreichendes Einkommen.

Früher wurden alle Waldarbeiten von den Waldbauern selber ausgeführt. Der Winter war die Zeit der „Holzernte", weil dann in der Landwirtschaft nur wenig zu tun ist. Heute übernehmen die großen Holzverarbeitungsfirmen diese Arbeiten. Viele Maschinen sind im Einsatz. Mit der Holz-Erntemaschine kann man die Bäume fällen, entästen, schälen und in Stücke zersägen.

Natürlich verbraucht Finnland selbst nicht so viel Holz und Holzprodukte. Der größte Teil wird exportiert. Finnland ist eines der wichtigsten Ausfuhrländer der Welt. Deutschland bezieht aus Finnland vor allem Papier, Zellstoff und Schnittholz. Denn die Holzmenge aus unseren eigenen Wäldern reicht nicht aus. Unser Holzverbrauch ist größer.

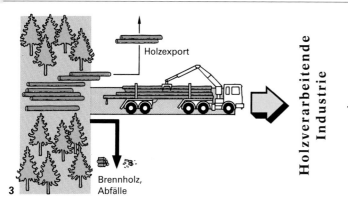

Holzverarbeitende Industrie

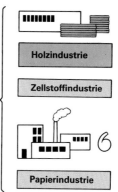

Holzindustrie

- Schnittholz
- Sperrholz
- Spanplatten
- vorgefertigte Holzhäuser

Zellstoffindustrie

In den Fabriken werden aus dem Holz die Fasern gewonnen, aus denen die Zellwände bestehen. Zellstoff ist das Rohmaterial für Papier und für Kunststoffe und Kunstfasern.

Papierindustrie

- Zeitungspapier
- Schreibpapier
- Karton

Holzverarbeitung am Näsisee bei Tampere. Früher wurde das meiste Holz auf den Flüssen befördert (geflößt). Heute ist der Lkw das wichtigste Transportmittel

1 Arbeite mit der Karte (1): Die Holzverarbeitungswerke liegen nicht wahllos verstreut. Beschreibe ihre Lage und versuche eine Erklärung.

2 Erläutere die Zeichnung (3).

3 Eine Übung für Zweiergruppen: Jede Gruppe notiert mindestens 5 Beispiele für die Verwendung von Holz. Wieviele verschiedene Beispiele findet ihr insgesamt?

4 Die wichtigsten nordischen Hölzer sind Kiefer und Fichte. Untersucht, wofür Kiefernholz und Fichtenholz verwendet wird

- beim Hausbau,
- in der Möbelherstellung,
- im Haushalt usw.

Wenn ein Möbelgeschäft oder ein Baumarkt in der Nähe ist, könnt ihr Prospekte und Bilder sammeln und eine Ausstellung machen.

Die wichtigsten Ausfuhrländer für Holz:
USA
Kanada
Schweden
Finnland

Norditalien – Süditalien

„Um die Zukunft Norditaliens braucht ihr euch keine Sorgen zu machen. Aber was wird aus dem Mezzogiorno, aus Süditalien?" Mein Gesprächspartner auf der Piazza in Mailand spricht aus, was heute viele Italiener denken. Einerseits gehört ihr Staat zu den reichsten Industrieländern der Erde. Andererseits gibt es im eigenen Land nach wie vor große **Entwicklungsunterschiede** zwischen den „beiden Italien".

Eine Fahrt quer durch Italien zeigt die Gegensätze. In den Alpenländern, im nördlichen Teil der Apenninen und vor allem in der Poebene konzentrieren sich große Industriegebiete. Allein im „Industriedreieck" Turin – Genua – Brescia wird etwa die Hälfte der gesamten Industrieproduktion Italiens erzeugt. Mailand, mit 1,6 Millionen Einwohnern die zweitgrößte Stadt, hat sich zur wirtschaftlichen und kulturellen „Hauptstadt" Italiens entwickelt. Die Poebene ist mit ihren fruchtbaren Schwemmlandböden zugleich auch eines der landwirtschaftlichen Produktionszentren Italiens. Hier wird mit modernen Anbaumethoden etwa die Hälfte aller Agrargüter des Landes erzeugt.

Auch in manchen Küstengebieten Süditaliens trifft man auf moderne Industriebetriebe und intensiv bebaute Felder. Doch sobald man von der Küste ins Binnenland kommt, fühlt man sich in eine andere Zeit versetzt: verlassene Bauernhöfe, abgelegene Bergdörfer, in denen überwiegend ältere Menschen leben, kleine Felder mit spärlichen Erträgen. Man versteht, warum der Mezzogiorno der „Hinterhof Italiens" genannt wird und bis zur Öffnung Osteuropas als „Armenhaus Europas" galt. Seit Generationen sind die Menschen von hier abgewandert, nach Norditalien oder ins Ausland. Um 1950 begann die Regierung, die Entwicklungsrückstände des Südens durch ein Förderprogramm abzubauen:

- In einer Bodenreform wurde Großgrundbesitz aufgeteilt und das Land an arme Neusiedler übergeben.
- Man baute Staudämme und Bewässerungskanäle, um eine intensivere Nutzung der Anbauflächen zu ermöglichen.
- Neue Straßen verbesserten die Verbindung mit anderen Landesteilen und erleichterten den Zugang für Touristen.
- Die größten Fortschritte versprach man sich durch die Ansiedlung von Industriebetrieben. Dabei

Abwanderung aus dem Mezzogiorno nach Nord- und Mittelitalien

1951–1971	ca. 4 000 000
1971–1981	ca. 100 000

1

Anteil der Arbeitslosen an den Erwerbspersonen

- unter 5 %
- 5 – 7 %
- 7 – 9 %
- 9 – 11 %
- über 11 %

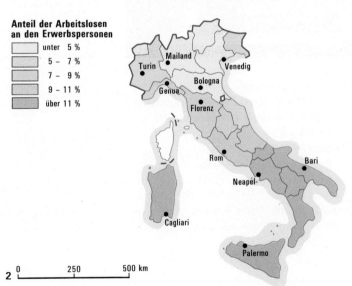

2

0   250   500 km

wurden zunächst Großbetriebe bevorzugt. Später unterstützte man verstärkt auch die Ansiedlung von Mittel- und Kleinbetrieben.

Wirtschaftsförderung im Mezzogiorno – zwei Beispiele

Hütten- und Stahlwerk Tarent
Es wurde 1964 als Küstenstandort (Kohle- und Erzimport) gegründet. In den 80er Jahren hatte es 20 000 Beschäftigte und produzierte fast die Hälfte des italienischen Rohstahls. Die Region um Tarent blieb industriell einseitig auf das Werk ausgerichtet. Es gab nicht den erwarteten wirtschaftlichen Aufschwung. Nur wenige weitere Betriebe wurden gegründet.

Industriezone Bari
Im Unterschied zu Tarent bemühte man sich hier von Anfang an darum, unterschiedliche Industriezweige anzusiedeln (Metallverarbeitung, Chemische Industrie, Elektrotechnik, Textilindustrie) und auch Klein- und Mittelbetriebe zu fördern. Seit 1985 gibt es einen „Wissenschaftspark"; 500 Forscher arbeiten hier an High-Tech-Projekten.

3

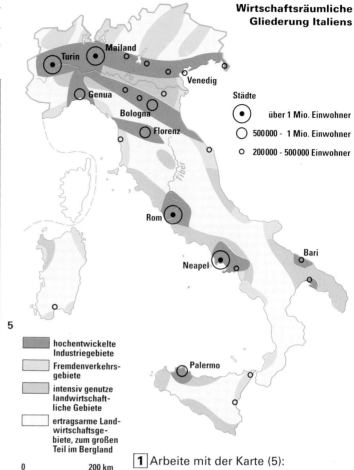

Wirtschaftsräumliche Gliederung Italiens

Städte

⊙ über 1 Mio. Einwohner

◯ 500 000 – 1 Mio. Einwohner

○ 200 000 – 500 000 Einwohner

5

▪ hochentwickelte Industriegebiete

▫ Fremdenverkehrsgebiete

▫ intensiv genutzte landwirtschaftliche Gebiete

▫ ertragsarme Landwirtschaftsgebiete, zum großen Teil im Bergland

0   200 km

Stahlwerk bei Neapel

1 Arbeite mit der Karte (5):
a) Notiere, wo die hochentwickelten Industriegebiete Italiens liegen.
b) Informiere dich im Atlas über die jeweiligen Hauptindustriezweige.
c) Bestimme die Lage der intensiv genutzten landwirtschaftlichen Gebiete.
d) Vergleiche nun die wirtschaftlichen Gegebenheiten in Nord- und Süditalien.
e) Inwieweit spiegelt die Karte (2) Karte (5) wider?

2 Förderung durch Großbetriebe? Vergleiche die Beispiele Tarent und Bari (3).

3 Die Förderungsmaßnahmen brachten neue Ungleichgewichte innerhalb Süditaliens. Begründe mit Hilfe von Karte (5).

Wirtschaftsräume zwischen Dnjepr und Ural

Große, stark qualmende Schornsteine und riesige Gesteinshalden künden von der bedeutendsten Stahlschmiede der Ukraine. Die Eisenhüttenwerke gaben ihr den Namen Südlicher Hüttenbezirk bzw. Donbass. Warum entstand dieses Industriezentrum gerade hier?

Die riesigen Eisenerzvorkommen von Kriwoi Rog und die mächtigen Steinkohlelagerstätten im 300 km entfernten Donezbecken sorgten dafür. An beiden Standorten bauten die Menschen Eisenhütten. Eine Eisenbahnlinie wurde errichtet, um den jeweils fehlenden Rohstoff für die Verhüttung herbeizuschaffen.

Die bedeutendsten Industriegebiete im Südlichen Hüttenbezirk, Dnjepropetrowsk und Saporoschje, liegen zwischen den Abbaugebieten der Rohstoffe. Für ihre Entstehung spielte vor allem der Dnjepr als Transportweg und Energielieferant eine Rolle.

2 Industrieanlagen in Dujeprodserschinsk

1 Zeichne eine einfache Skizze vom Südlichen Hüttenbezirk. Trage die wichtigsten Transportwege für Kohle und Eisenerz ein.

2 Begründe, warum sich am Dnjepr die größten Industriegebiete befinden? Werte dazu den Text und die Karte (1) aus.

Anatoli Krylenko, ein 45jähriger Stahlarbeiter:
„Seit der Unabhängigkeit unseres Landes geht es uns wirtschaftlich schlechter als vorher. Obwohl sich mein Lohn verzehnfacht hat, kann er mit den Preissteigerungen nicht mithalten. Außerdem gibt es in den Geschäften immer weniger zu kaufen. Mit dem Abbruch der Beziehungen zu Rußland verloren wir den wichtigsten Handelspartner. Unsere Produkte können wir nicht mehr verkaufen. Somit fehlt das Geld, um unseren veralteten Betrieb zu erneuern. Viele meiner Kollegen befürchten deshalb die Schließung unseres Betriebes. Wie soll es dann für mich und meine Familie weitergehen?"

Südlicher Hüttenbezirk

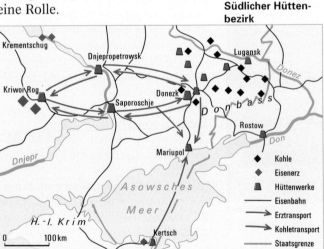

1

3

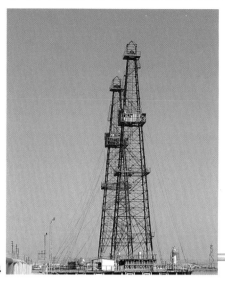

4

eine gleichbleibende Temperatur des Erdöls.

Die langen Rohrleitungen stellen aber auch eine Gefahr für die Umwelt dar. Denn schlechtes Material und fehlerhafte Verarbeitung der Schweißnähte zwischen den Rohrstücken führen oftmals zu Rissen, aus denen dann Tausende Liter Öl ins Erdreich eindringen.

4
Bohrtürme bei Perm
5
„Erdölfeld" nördlich von Perm

Das bedeutendste Gebiet der chemischen Industrie ist die Region zwischen dem Ural und der mittleren Wolga, die auch Zweites Baku genannt wird.

Über ein dichtes Rohrleitungsnetz erhält sie ihre wichtigsten Rohstoffe Erdöl und Erdgas. Auch für andere Industriezweige sind diese Rohstoffe wichtig. Und so stieg der Bedarf an Erdöl und Erdgas ständig.

Bald reichten die geförderten Mengen in nahen Fördergebieten nicht mehr aus. So waren die Menschen gezwungen, immer weiter entfernte Gebiete zu erschließen und ihre Rohstoffe nutzbar zu machen. Heute sind die **Pipelines,** Rohrleitungen von über 1 000 km Länge, keine Seltenheit mehr.

Auch Deutschland erhält seit vielen Jahren Erdöl und Erdgas aus dem Wolga-Ural-Gebiet.

Um beide Rohstoffe über größere Entfernungen transportieren zu können, sind viele Zwischenstationen notwendig. Sie sorgen für einen gleichbleibenden Druck und für

5

3 Welche Gründe zwangen im Wolga-Ural-Gebiet zur Suche nach immer weiter entfernten Rohstoffquellen?

4 Vergleiche den Südlichen Hüttenbezirk mit dem Wolga-Ural-Gebiet:

	Rohstoffe	Industrie
Südlicher Hüttenbezirk		
Wolga-Ural-Gebiet		

5 Ermittle im Atlas, welche Standorte der chemischen Industrie in Deutschland aus dem Wolga-Ural-Gebiet mit Erdgas oder Erdöl versorgt werden.

6 Berichte mit Hilfe des Textes (3) über die Lage der Menschen in der Ukraine. Nenne Gründe.

Energie-Rohstoffe in Europa

Die ersten Industriegebiete in Europa entstanden dort, wo **Steinkohle** gefunden wurde. Steinkohle war die Energiequelle. Man brauchte sie für Dampfmaschinen und dann auch zur Herstellung von Koks, für die Verhüttung von Eisenerz

Braunkohle benutzte man als Energiequelle in Zuckerfabriken, später vor allem in Kraftwerken. Eure Großeltern haben noch Braunkohle-Briketts verwendet, um ihre Wohnungen zu heizen. Steinkohle und Braunkohle sind heute die wichtigsten Energie-Rohstoffe für die Stromerzeugung bei uns.

Erdöl ist seit langem bekannt. Schon vor hundert Jahren benutzte man „Petroleum" für Lampen. Dann aber begann der Siegeszug des Autos; und damit wurde Erdöl unentbehrlich in den Industrieländern. **Erdgas** kam hinzu, das besonders in Kraftwerken und für Heizungen verwendet wird.

Die Rohstoff-Vorräte sind begrenzt. Daher ist es wichtig, daß wir mit den Rohstoffen sparsam umgehen. Das gilt gerade für die Energieerzeugung, denn dabei werden die Rohstoffe ja „vernichtet"! Wir müssen viel stärker als bisher andere Energiequellen nutzen: Wasserkraft, Wind, Sonnenenergie.

1 Arbeite mit der Karte und benutze auch den Schulatlas:
a) Welche Länder haben Energie-Rohstoffe, welche Länder haben keine?
b) Wie heißen die Gebiete, in denen die Rohstoffe gewonnen werden?

Braunkohle

Steinkohle **Erdöl** **Erdgas**

Die Klimakarte der Erde
Feineinteilung in 15 Zonen

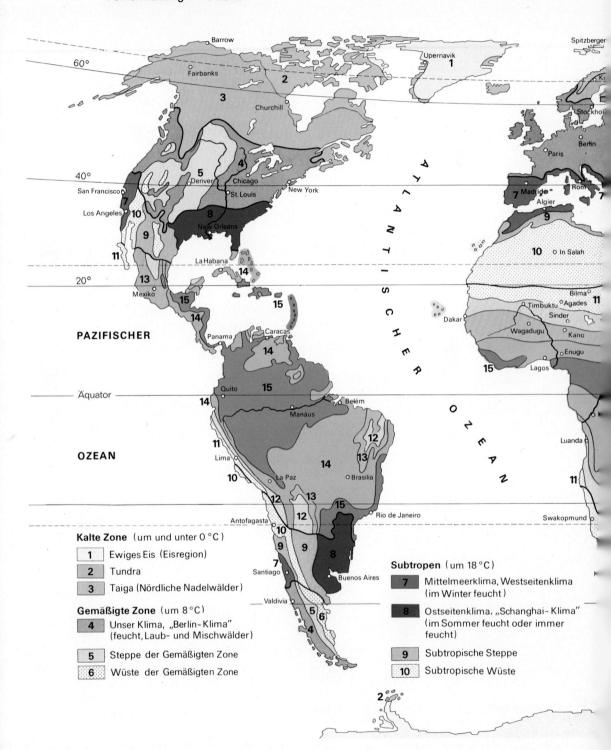

Kalte Zone (um und unter 0 °C)

1	Ewiges Eis (Eisregion)
2	Tundra
3	Taiga (Nördliche Nadelwälder)

Gemäßigte Zone (um 8 °C)

4	Unser Klima, „Berlin-Klima" (feucht, Laub- und Mischwälder)
5	Steppe der Gemäßigten Zone
6	Wüste der Gemäßigten Zone

Subtropen (um 18 °C)

7	Mittelmeerklima, Westseitenklima (im Winter feucht)
8	Ostseitenklima, „Schanghai-Klima" (im Sommer feucht oder immer feucht)
9	Subtropische Steppe
10	Subtropische Wüste

Hinweis: Diese Karte kann man nicht in einer Woche „lernen''. Sie soll jetzt und in den folgenden Jahren oft benutzt werden und sich dabei immer besser einprägen.

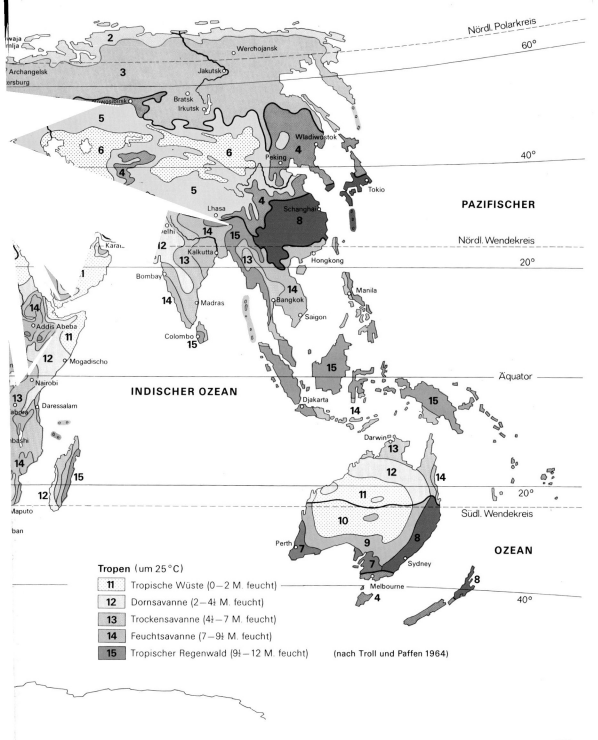

PAZIFISCHER

Nördl. Polarkreis
60°

40°

Nördl. Wendekreis
20°

Äquator

INDISCHER OZEAN

Südl. Wendekreis

OZEAN

20°

40°

Tropen (um 25 °C)

11	Tropische Wüste (0–2 M. feucht)	
12	Dornsavanne (2–4½ M. feucht)	
13	Trockensavanne (4½–7 M. feucht)	
14	Feuchtsavanne (7–9½ M. feucht)	
15	Tropischer Regenwald (9½–12 M. feucht)	(nach Troll und Paffen 1964)

57

Wichtiges Arbeitsmaterial

Klimatabellen

Nordeuropa		J	F	M	A	M	J	J	A	S	O	N	D	Jahr
Bergen, 21 m	°C	1	1	2	6	9	13	14	14	11	7	4	2	8
Norwegen	mm	224	181	155	112	118	106	142	195	237	233	220	221	2144
Helsinki, 45 m	°C	− 6	− 7	− 3	3	9	14	17	16	11	5	1	− 3	5
Finnland	mm	57	42	36	44	41	51	68	72	71	73	68	66	692
Isfjord, 9 m	°C	− 11	− 11	− 12	− 9	− 3	2	5	4	1	− 3	− 6	− 9	− 4
Spitzbergen	mm	29	30	33	17	20	24	30	38	38	46	39	34	378
Kiruna, 505 m	°C	− 13	− 12	− 9	− 4	3	8	11	9	4	− 3	− 8	− 12	− 2
Schweden	mm	19	15	19	26	32	54	70	74	50	41	32	21	453
Luleå, 6 m	°C	− 10	− 10	− 6	0	7	12	16	14	9	3	− 3	− 6	2
Schweden	mm	37	25	23	28	30	47	50	68	69	48	48	44	517
Narvik, 40 m	°C	− 5	− 4	− 2	2	6	10	14	13	9	4	0	− 3	3
Norwegen	mm	55	47	61	45	44	65	58	84	97	86	59	57	758
Oslo, 96 m	°C	− 5	− 4	− 1	5	11	15	17	16	11	6	1	− 2	6
Norwegen	mm	49	35	26	44	44	71	84	96	83	76	69	63	740
Reykjavik, 5 m	°C	− 1	− 1	− 1	2	6	9	11	10	8	4	1	− 1	4
Island	mm	98	84	69	62	48	49	48	51	90	87	95	89	870
Stockholm, 44 m	°C	− 3	− 3	− 1	3	9	14	17	15	12	6	2	− 2	6
Schweden	mm	36	33	33	38	38	43	61	74	48	46	48	48	549

Westeuropa		J	F	M	A	M	J	J	A	S	O	N	D	Jahr
Bordeaux, 47 m	°C	5	6	9	12	15	18	20	19	17	13	8	6	12
Frankreich	mm	90	75	63	48	61	65	56	70	84	83	96	109	900
Brest, 98 m	°C	6	6	8	9	12	14	16	16	15	12	9	7	11
Frankreich	mm	133	96	83	69	68	56	62	80	87	104	138	150	1126
Cardiff (Wales), 62 m	°C	4	5	7	9	12	15	16	17	14	11	8	6	10
Großbritannien	mm	108	72	63	65	76	63	89	97	99	109	116	108	1065
Dundee (Schottl.), 45 m	°C	3	3	5	8	10	13	15	15	12	9	6	4	9
Großbritannien	mm	65	47	49	43	62	55	89	72	61	76	71	71	761
Grenoble, 223 m	°C	2	3	8	11	15	18	20	20	17	12	7	2	11
Frankreich	mm	80	75	60	65	80	90	70	95	100	95	95	80	985
London, 5 m	°C	4	5	7	9	12	16	18	17	15	11	8	5	11
Großbritannien	mm	54	40	37	37	46	45	57	59	49	57	64	48	593
Lyon, 200 m	°C	2	3	8	11	15	19	21	20	17	11	7	3	11
Frankreich	mm	52	46	53	56	69	85	56	89	93	77	80	57	813
Marseille, 3 m	°C	5	7	10	13	17	21	23	23	20	15	10	7	14
Frankreich	mm	43	32	43	42	46	24	11	34	60	76	69	66	546
Paris, 52 m	°C	3	4	7	10	14	17	19	18	16	11	7	4	11
Frankreich	mm	54	43	32	38	52	50	55	62	51	49	50	49	585
Shannon, 2 m	°C	5	6	7	9	12	14	15	16	14	11	8	6	10
Irland	mm	94	67	56	53	61	57	77	79	86	86	96	117	929

Zum Vergleich Deutschland		J	F	M	A	M	J	J	A	S	O	N	D	Jahr
Berlin, 57 m	°C	− 1	0	3	8	13	16	18	17	14	8	4	1	8
	mm	49	33	37	42	49	58	80	57	48	43	42	49	587
Köln, 68 m	°C	1	2	5	9	13	17	18	17	14	10	8	2	10
	mm	51	47	37	52	56	83	75	82	58	54	55	51	701
Zugspitze, 2962 m	°C	− 11	− 11	− 10	− 7	− 3	0	2	2	0	− 4	− 7	− 10	− 5
	mm	115	112	136	195	234	317	344	310	242	135	111	139	2390

Südeuropa		J	F	M	A	M	J	J	A	S	O	N	D	Jahr
Athen, 105 m	°C	9	10	11	15	19	23	27	26	23	19	14	11	17
Griechenland	mm	54	46	33	23	20	14	8	14	18	36	79	64	409
Madrid, 667 m	°C	5	6	9	11	16	20	23	24	19	13	8	5	13
Spanien	mm	25	46	37	35	40	34	7	5	35	46	57	43	410
Mailand, 145 m	°C	2	4	8	13	18	23	25	24	20	13	7	2	13
Italien (Poebene)	mm	61	58	71	89	102	81	74	81	89	122	109	76	1014
Málaga, 33 m	°C	13	13	15	16	19	23	25	26	24	20	16	13	19
Spanien	mm	59	49	62	46	25	6	1	3	28	62	63	66	470
Mallorca, 28 m	°C	10	11	12	15	17	21	24	25	23	18	14	12	17
Spanien	mm	39	34	36	28	27	20	4	23	56	77	56	51	451
Murcia, 44 m	°C	10	11	14	16	19	24	26	26	24	19	14	11	18
Spanien	mm	24	18	23	43	39	10	1	8	30	45	26	37	304
Rimini, 2 m	°C	3	6	9	14	18	21	24	24	20	15	11	8	14
Italien	mm	60	35	61	62	53	54	63	54	54	87	102	69	754
Rom, 46 m	°C	7	8	11	14	18	23	26	26	22	18	13	9	16
Italien	mm	74	87	79	62	57	38	6	23	66	123	121	92	828
Valencia, 13 m	°C	10	11	13	15	18	21	24	25	23	18	14	11	17
Spanien	mm	32	32	30	31	31	55	9	26	56	75	38	37	452

Ostmitteleuropa und Südosteuropa

		J	F	M	A	M	J	J	A	S	O	N	D	Jahr
Belgrad, 132 m	°C	0	2	6	12	17	20	22	22	18	12	7	2	12
Serbien	mm	48	46	46	54	75	96	60	55	50	55	61	55	701
Budapest, 120 m	°C	− 1	1	6	12	17	20	22	21	17	11	6	2	11
Ungarn	mm	42	44	39	45	72	76	54	51	34	56	69	48	630
Gdingen (Gdynia), 15 m	°C	− 1	− 1	2	6	11	15	18	18	14	9	4	1	8
Polen	mm	34	30	30	34	44	59	77	79	55	54	39	42	576
Konstanta, 52 m	°C	− 1	1	4	9	15	20	22	22	18	13	7	2	11
Rumänien	mm	30	26	24	32	37	49	35	32	27	40	44	37	413
Prag (Praha), 197 m	°C	− 3	− 2	3	8	13	16	18	17	14	8	3	− 1	8
Tschech. Republik	mm	23	24	23	32	61	67	82	66	36	42	26	26	508
Sarajevo, 537 m	°C	− 1	1	5	10	14	17	20	20	16	10	5	2	10
Bosnien–Herzegowina	mm	71	69	50	69	84	86	68	62	71	84	98	87	889
Split, 128 m	°C	8	8	10	14	19	23	26	25	22	17	12	10	16
Kroatien	mm	76	74	53	62	60	53	40	32	55	71	110	130	816
Warschau (Warszawa), 107 m	°C	− 3	− 2	1	8	14	17	19	18	14	8	3	− 1	8
Polen	mm	23	26	24	36	44	62	79	65	41	35	37	30	502

Osteuropa

		J	F	M	A	M	J	J	A	S	O	N	D	Jahr
Archangelsk, 4 m	°C	− 13	− 12	− 8	− 1	6	12	16	13	8	1	− 5	− 10	− 1
Rußland	mm	33	28	28	28	39	59	63	57	66	55	44	39	539
Astrachan, 14 m	°C	− 7	− 5	0	9	18	23	25	23	17	10	2	− 3	9
Rußland	mm	12	13	9	16	15	19	12	10	16	10	16	15	162
Maly–Kurmakuly, 16 m	°C −	− 15	− 15	− 15	− 11	− 5	1	6	6	3	− 3	− 9	− 13	− 6
Rußland (Nowaja Semlja)	mm	26	18	19	18	20	24	30	36	41	35	26	24	317
Moskau, 156 m	°C	− 10	− 8	− 4	4	13	16	19	17	11	4	− 2	− 7	4
Rußland	mm	28	23	31	38	48	51	71	74	56	36	41	38	533
Odessa, 64 m	°C	− 2	− 2	2	8	15	20	22	22	17	11	5	4	10
Ukraine	mm	28	26	20	27	34	45	34	37	29	35	43	31	389
Perm, 170 m	°C	− 15	− 13	− 7	2	10	16	18	15	9	2	− 7	− 13	1
Rußland	mm	38	27	31	35	47	64	68	62	59	55	43	41	570
Saporoschje, 86 m	°C	− 5	− 4	1	9	16	20	23	22	16	9	3	2	9
Ukraine	mm	31	27	26	35	39	57	50	45	30	30	36	37	443

Europa in Zahlen

	Fläche in 1000 km²	Einwohner 1991 in Mio.	Bevölkerungsdichte 1991 Einw./km²	Anteil der Bevölkerung unter 15 Jahren 1991 in %	Anteil der Bevölkerung über 65 Jahren 1991 in %	Anteil der städtischen Bevölkerung 1991 in %	Jährl. Bevölkerungswachstum ⌀ 1980–1991 in %	Erwerbstätige in der Landwirtschaft 1991 in %
Albanien	29	3,3	115	33	8	36	1,7	47
Belgien	31	10,0	328	18	21	97	0,1	7
Bosnien-Herzegowina	51	4,4	85	22°	15°	40	0,6	6°
Bulgarien	111	9,0	81	20	20	68	0,1	12
Dänemark	43	5,2	120	17	20	87	0,1	6
Deutschland	357	80,0	227	16	20	84	0,1	3
Estland	45	1,6	35	22	–	72	0,6	13
Finnland	338	5,0	15	20	18	60	0,4	8
Frankreich	552	57,0	106	20	19	74	0,5	6
Griechenland	132	10,3	78	19	20	63	0,5	24
Großbritannien	245	57,6	238	19	21	89	0,2	2
Irland	70	3,5	50	27	15	57	0,2	14
Island	103	0,3	3	–	–	91	1,1	11
Italien	301	57,8	192	16	16	69	0,2	9
Kroatien	57	4,8	84	22°	15°	46°	0,6	25*°
Lettland	65	2,7	35	–	–	71	0,3	18
Litauen	65	3,8	58	30	16	68	0,8	17
Luxemburg	3	0,40	151	17*	13*	85	0,4	3
Makedonien	26	2,0	79	22°	15°	46°	0,6	25*°
Moldau	34	4,4	130	32	11	47	0,9	33
Montenegro	14	0,6	44	22°	15°	46°	0,6	25*°
Niederlande	37	15,1	359	18	18	89	0,6	5
Norwegen	324	4,3	13	19	21	75	0,4	6
Österreich	84	7,8	94	18	20	59	0,2	7
Polen	313	38,2	123	25	15	62	0,7	28
Portugal	92	9,9	107	21	18	34	0,1	17
Rumänien	238	23,0	96	24	16	53	0,4	29
Rußland [1]	17075	148,7	9	24	17	74	0,6	13
Schweden	450	8,6	19	17	23	84	0,3	3
Schweiz	41	6,8	167	17	20	60	0,6	4
Serbien	74	9,8	131	22°	15°	46°	0,6	25*°
Slowakische Republik	49	5,3	108	23△	17△	76△	0,3	13
Slowenien	20	2,0	97	22°	15°	43*	0,6	14
Spanien	505	39,0	77	20	19	79	0,4	11
Tschechische Republ.	79	10,3	131	23△	17△	76△	0,3	12*
Türkei [1]	779	57,3	73	35	7	63	2,3	47
Ukraine	604	52,0	86	21	19	67	0,4	25
Ungarn	93	10,3	111	20	19	62	-0,2	18
Weißrußland	208	10,3	50	23	18	66	0,6	19
Zypern	9	0,7	77	–	–	43	1,1	13

* Angaben aus anderen Jahren
° Angaben beziehen sich auf das ehemalige Jugoslawien

° Angaben beziehen sich auf die ehemalige Sowjetunion
△ Angaben beziehen sich auf die ehemalige Tschecheslowakei
[1] inklusive asiatischer Teil

Erwerbstätige in der Industrie 1991 in %	Erwerbstätige in den Dienstleistungen 1991 in %	Wirtschaftsleistung 1991 in Mrd. Dollar	Wirtschaftsleistung je Einwohner 1991 in Dollar	Arbeitslose 1991 in %	Pkw auf 1000 Einwohner 1991	Anteil der Analphabeten 1991 in %	Ärzte je 1000 Einwohner 1988–1991	Energieverbrauch je Einwohner in kg Öleinheiten 1990/1991
30	23	2*	740*	9,1	–	25*	13,9	1152
25	68	192	18950	10,4*	393	2	32,1	2793
23□	71□	–	1600	–	140*□	15	26,3□	–
36	52	16	1840	15,7*	147	2*	31,9	3540
28	66	122	23700	9,5	320	1*	25,6	3747
39	58	1652	20654	9,6	409	1*	32,7	3463
42	45	6	3830	4,6	167	–	–	4512*○
29	63	122	23980	13,1	380	>5	24,7	5602
29	65	1168	20380	10,3	416	1*	28,9	3854
28	48	66	6340	9,2	173	7	17,3	2110
28	70	964	16550	10,0	353	1*	14,0	3688
29	57	38	11120	17,7	235	2*	15,8	2754
26	73	6	23170	3,0	–	2*	–	7226
32	59	1072	18520	11,1	456*	3	46,9	2756
30*□	45*□	–	1900	17,8*	154	7□	26,3□	2296□
36	46	9	3410	15,0	122	>5	50,0	4512*○
33	50	10	2710	–	58*○	–	45,5	4512*○
29	68	12	31080	1,6	498	0*	–	8448*
30	45*□	2	972	40,0*	140*□	11	26,3□	–
30*□	37	10	2170	7,0	58*○	–	40,0	–
30*□	45*□	–	–	24,5	140*□	7□	26,3	5147
26	69	279	18780	6,4	368	1*	24,3	5147
24	70	103	24220	5,4	354	0*	24,3	9130
37	56	158	20140	5,9	394	1*	43,4	3500
28	44	71	1790	15,2*	160	1	20,6	3165
34	49	58	5930	4,4	183	15	25,7	1584
35	36	31	1390	9,4	–	2*	17,9	3084
31	56	480	3220	1,3	59*○	–	47,6	4512*○
28	69	219	25110	4,8	419	1*	27,3	5901
32	64	226	33610	3,0	457	1*	15,9	3943
30*□	45*□	–	500	22,3	140*□	7□	26,3□	2296□
43	44	10	2200	10,4	289	5△	32,3△	4945*△
40	46	13*	6330*	10,7	140*□	7□	26,3□	2296□
33	56	487	12450	18,4	317	5	36,0	2229
48*	40*	38	2700	2,6	200*	5△	32,3△	4945*△
20	33	104	1780	8,0	37	19	7,4	809
28	47	121	2340	0,5	69	2	43,4	4512*○
32	50	28	2720	13,0*	187	1	29,8	2830
31	50	32	3110	0,2	58*○	2	40,5	4512*○
29	58	6	8640	–	–	6	–	1701

Quellen: Weltentwicklungsbericht 1993, The World Bank Atlas 1994, Länderberichte, Fischer Weltalmanach 1994

Was bedeutet in%? Beispiel: 10% Erwerbstätige in der Landwirtschaft, d.h. von jeweils 100 Erwerbstätigen arbeiten 10 in der Landwirtschaft

Grundbegriffe

Abwanderung: Das Wegziehen der Bevölkerung aus einem Ort/einer Region.

Bewässerungsfeldbau: Form der landwirtschaftlichen Bodennutzung in Gebieten, die für den Anbau von Nutzpflanzen zu wenig Niederschlag erhalten. Das in niederschlagsarmen Monaten fehlende Wasser wird Flüssen oder dem Grundwasser entnommen und mit Hilfe von Bewässerungsanlagen auf die Felder geleitet.

Bodenschätze: Alle nutzbaren Rohstoffe in der Erde. Die Bodenschätze, die abgebaut werden können, nennt man **Lagerstätten**. Dazu gehören z.B. Erze, Kohle, Erdöl, Salze, Kalk, Sand, Ton, Kies.

Delta: Mündungsbereich eines Flusses mit einem Netz von Flußarmen. Diese lagern große Mengen an mitgeführten Schwebstoffen und Flußgeröllen ab, so daß das Mündungsgebiet immer weiter in das Meer bzw. in den See hineinwächst. Die Bezeichnung geht auf die alten Griechen zurück, die den Grundriß der Nilmündung mit ihrem Buchstaben Δ (= Delta) verglichen. Im Grundriß bildet das Delta meist ein Dreieck.

Durchbruchtal: Tal, das quer zum Verlauf des Gebirges entstanden ist. Mit der Hebung des Gebirges schnitt der bereits vorhandene Fluß ein tiefes Tal ein.

Europäische Union (EU): Zusammenschluß von zwölf europäischen Staaten zur wirtschaftlichen und politischen Zusammenarbeit (Maastrichter Verträge vom 1. 11. 1993). Die EU ging aus der **Europäischen Gemeinschaft (EG)** hervor.

Exportüberschuß: Ist der Wert der Exporte größer als der Wert der Importe, so hat ein Land einen Exportüberschuß. Man spricht auch von einer **positiven Handelsbilanz.**

Fremdenverkehr: Die Reisen und der Aufenthaltsort Ortsfremder. Die Menschen reisen, um sich zu erholen, um eine Kur zu machen oder um sich zu bilden.

Gemäßigtes Klima: Klima der Gemäßigten Zone. Diese liegt zwischen der → Subpolaren (Kalten) Zone und der → Subtropischen (Warmen) Zone. Das Gemäßigte Klima ist gekennzeichnet durch milde bis mäßig kalte Winter und warme Sommer sowie durch regenbringende Westwinde.

Gletscher: Talabwärts fließender Eisstrom. Gletscher entstehen in Polargebieten sowie in Hochgebirgen oberhalb der Schneegrenze durch die Umwandlung von Schneemassen zu Eis.

Hartlaubgewächse: Immergrüne Pflanzen, die sich z. B. durch kleine oder durch wachsüberzogene, lederartige Blätter gegen die hohe sommerliche Verdunstung schützen. Charakteristische Pflanzen des Mittelmeerraumes.

Hochgebirge: Gebirgsregionen, die eine Höhe von über 2000 m aufweisen. Merkmale: Schroffe Formen mit großen Höhenunterschieden, teilweise vergletschert.

Höhenstufen: Die Abfolge unterschiedlicher → Vegetation mit zunehmender Höhe. Ursächlich für die Ausbildung der Höhenstufen sind die mit der Höhe abnehmenden Temperaturen und zunehmenden Niederschläge.

Industrie: Verarbeitung von Rohstoffen in Fabriken (z.B. Stahlindustrie) oder Weiterverarbeitung bereits bearbeiteter Rohstoffe (z.B. Autorindustrie). Die Betriebe stellen meistens wenige Produkte in großer Menge her. Der Produktionsvorgang wird in einzelne Arbeitsgänge gegliedert, so daß der einzelne Arbeiter/die einzelne Arbeiterin an den Maschinen nur noch wenige Handgriffe ausübt. Häufig wird die Rohstoffgewinnung (Bergbau) zur Industrie gezählt.

Klimazone: Zone mit einem weitgehend einheitlichen Klima. Die Klimazonen ordnen sich als Folge der unterschiedlichen Sonneneinstrahlung gürtelartig um die Erde an. Man spricht deshalb auch von Klimagürteln. Europa hat Anteil an der Subpolaren, Gemäßigten und Subtropischen Klimazone.

Kulturpflanzen, auch Nutzpflanzen: Von Wildpflanzen abstammende Pflanzen, die der Mensch weitergezüchtet und dabei meist verändert hat. Durch gezielte Züchtung wurden z. B. Bitterstoffe entfernt oder die Pflanzen größer im Wuchs.

Massentourismus: Form des Fremdenverkehrs, an dem eine große Anzahl von Touristen teilnimmt, z. B. Badeferien am Mittelmeer oder Wintersporturlaub in den Alpen. Dort wo es zu viele Touristen gibt, führt dies zu Belastungen der Umwelt.

Mittelgebirge: Gebirgsregionen, die eine Höhe von 500 bis 2000 m aufweisen. Bereiche zwischen 200 und 500 m werden als Hügelland oder als Mittelgebirgsvorland bezeichnet. Mittelgebirge zeichnen sich durch abgerundete Bergformen aus.

Mittelmeerklima, auch Mediterranes Klima: Es ist gekennzeichnet durch heiße, trockene Sommer und milde, regenreiche Winter. Das Mittelmeerklima gehört zu den → Subtropischen Klimaten, es ist ein subtropisches Winterregengebiet.

Regenfeldbau, Trockenfeldbau: Ackerbau, bei dem der Wasserbedarf der Pflanzen ausschließlich aus den Niederschlägen gedeckt wird. Es findet also keine künstliche Bewässerung statt wie beim → Bewässerungsfeldbau.

Rekultivierung: Eine Wirtsschaftsfläche (z.B. Braunkohlentagebau-Gebiet, Kiesabbau-Gebiet) wird aufgegeben und wieder nutzbar gemacht. Neue Ackerflächen, neue Wälder und Erholungsgebiete entstehen.

Rohstoff: Naturstoff, der dem Menschen zur Herstellung von Gebrauchsgütern und Energie dient. Nach ihrer Herkunft bzw. Entstehung unterscheidet man: Mineralische (bergbauliche), pflanzliche und tierische Rohstoffe. Mineralische Rohstoffe werden auch „Bodenschätze" genannt.

Schwemmland: Als Schwemmland bezeichnet man die in Flußtälern, Tiefebenen und an Küsten vom Wasser aufgeschütteten Geröll-, Sand- und Schlammablagerungen.

Subpolares Klima: Klima des südlichen Bereiches der „Kalten Klimazone". Die Subpolare Zone liegt zwischen der „Polaren Zone" und der „Gemäßigten Zone". Das Subpolare Klima ist gekennzeichnet durch lange, kalte Winter und kurze, kühle Sommer (wärmster Monat zwischen 6 °C und 10 °C Monatsmittel) sowie durch geringe Niederschläge.

Subtropisches Klima: Klima zwischen der Gemäßigten Zone und der Tropischen Zone. Merkmale des Subtropischen Klimas sind: heiße und im Mittelmeergebiet trockene Sommer sowie feuchte, milde Winter.

Tundra: Weitgehend baumlose und artenarme Vegetation nördlich der Nadelwaldzone. Sie besteht aus Zwergsträuchern, Gräsern, Moosen und Flechten. Die Vegetationsperiode ist kurz. Der Boden an der Oberfläche ist lange, in der Tiefe häufig dauernd gefroren.

Tagebau Abbau von Lagerstätten, die sich nahe an der Erdoberfläche befinden, z.B. Braunkohle in Deutschland.

Tiefland: Bereiche der Erdoberfläche, die eine Höhe bis zu 200 m erreichen, z. B. Norddeutsches Tiefland. Weist ein Tiefland kaum Höhenunterschiede auf, so spricht man von „Tiefebene".

Überfischung: Ein Meer ist überfischt, wenn in einem Zeitabschnitt mehr Fische gefangen werden, als durch natürliche Vermehrung heranwachsen. Gegenmaßnahmen sind: Beschränkung von Fangmengen bzw. Fangverbot sowie die Einrichtung von Schutzzonen vor den Küsten.

Vegetationszone: Pflanzengürtel der Erde, parallel zu den Breitenkreisen verlaufend. Er ist durch eine bestimmte Vegetation gekennzeichnet, z. B. durch Nadelwald. Man bezeichnet diese Zone dann als „Nördliche Nadelwaldzone", in Asien „Taiga" genannt.

Zuwanderung: Bevölkerungszuzug an einem Ort oder in einer Region.